海上丝路之

建港贸易

丛书顾问 刘迎胜 陈佳荣 朱鉴秋
丛书主编 王元林
本书编著 宋 平

海上丝绸之路青少年科普丛书

广东省宣传文化发展专项资金项目

SPM 南方出版传媒
广东科技出版社 全国优秀出版社
·广州·

《海上丝路之建港贸易》创作团队

丛书顾问

刘迎胜

陈佳荣

朱鉴秋

丛书主编

王元林

本书编著

宋　平

目录

中国古代“海上丝绸之路”

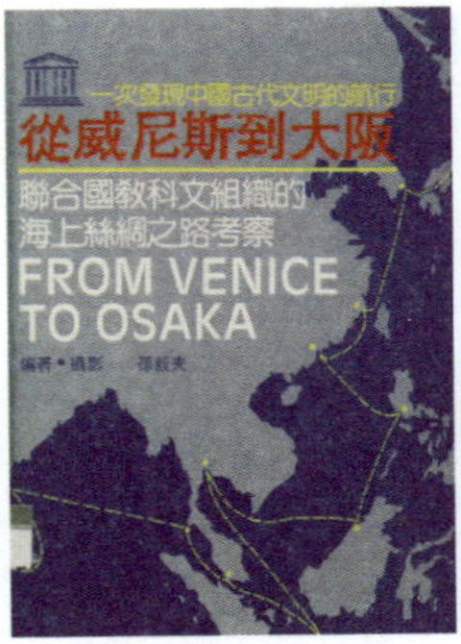

《从威尼斯到大阪》

孙毅夫编著的《从威尼斯到大阪》，讲述了联合国教科文组织的“海上丝绸之路”考察，1992年由中国画报出版社出版。孙毅夫应邀参加了该次考察活动，并负责摄影工作。

“海上丝绸之路”又被称为陶瓷之路、茶叶之路、香料之路，是以商品贸易为主，兼有宗教、文化、科技交流的海上交通路线。“海上丝绸之路”作为一个专门用语，是19世纪70年代德国地质地理学家李希霍芬（Ferdinand von Richthofen，1833—1905）提出的。他于1860年、1868—1872年先后多次来中国考察，途经广州、三水、英德、韶关等地。在其著作《中国旅行记》中，他首次使用“丝绸之路”来描述中国经西域到希腊、罗马的古代陆路贸易交通线路，并详加论述，同时在一张地图上提到“海上丝绸之路”的概念。自此以后，“丝绸之路”的概念被学术界广泛接受，并逐渐形成了“陆上丝绸之路”和“海上丝绸之路”的区分。1990—1991年，联合国教科文组织发起“海上丝绸之路”综合考察行动。考察团由来自30多个国家的50多人组成，乘坐“和平方舟”号沿途考察了16个国家的22个港口，包括中国广州和泉州，行程2.1万千米。从此以后，“海上丝绸之路”引起了更多人的注意，成为学术界研究与讨论、新闻界探寻与宣传的热点。2013年，习近平主席提出“一带一路”的倡议，赋予了“海上丝绸之路”新的内涵，使我国港口建设与海上贸易踏上新的征程。

本书集中讨论中国古代的“海上丝绸之路”，内容以海上航线的开辟、港口的建设为中心，同时兼顾商品贸易情况、宗教文化交往等内容，比较全面地向读者讲解中国古代“海上丝绸之路”的发展概况。时间范围大略从春秋战国时期到1840年第一次鸦片战争前夕，但不严格按此界限，略有涉及之后的部分内容。

我国部分朝代纪元表

秦（前221—前207）
西汉（前206—公元8）
东汉（25—220）
三国（220—265）
西晋（265—316）
东晋（317—420）
南北朝（420—589）
隋（581—618）
唐（618—907）
五代十国（907—960）
北宋（960—1127）
南宋（1127—1279）
元（1271—1368）
明（1368—1644）
清（1644—1911）

中国是“海上丝绸之路”的起点，也是“海上丝绸之路”最早的发祥地。早在春秋战国时期，中国沿海近岸航线就已经形成，广东、福建等沿海地区已有与东南亚一带交流的迹象，山东地区更有直接沿朝鲜半岛至日本的航线。在数千年的历史发展中，中国古代“海上丝绸之路”形成了两大交通干线：一是通往朝鲜半岛及日本列岛的东海航线，二是通往东南亚及印度洋地区、欧洲、美洲地区的南海航线。蓬莱、扬州、杭州、宁波、温州、福州、泉州、漳州、广州、北海等城市是中国最主要的“海上丝绸之路”港口，在中国悠久的对外贸易和文化交往历史上，发出明珠般耀眼的光芒。

“海上丝绸之路”在中国先秦时期就已经萌芽，秦汉时期开始兴盛，自中国南海地区可航行至东南亚、印

古代“海上丝绸之路”示意图局部　中国古代十大港口——登州（蓬莱）、扬州、杭州、明州（宁波）、温州、福州、泉州、漳州、广州、北海。本图参考2012年宁波出版社出版的《跨越海洋——中国“海上丝绸之路”八城市文化遗产精品联展》第3页“古代海上丝绸之路示意图”制作。

汉代以广州为起点的“海上丝绸之路”示意图

中西“海上丝绸之路”在印度洋对接。本图选自2008年文物出版社出版的《海上丝绸之路：广州文化遗产（文献辑要卷）》第8页。

度洋地区，并间接与地中海的罗马帝国有交往。番禺、合浦、徐闻、日南（位于今越南中部）等都是这一时期“海上丝绸之路”的重要港口。外贸船只从番禺等地起航，出珠江口到屯门，沿海岸线西行至徐闻、合浦稍事补给，然后驶出南海，前往东南亚及印度洋沿岸国家。与此同时，红海地区的航船可至印度洋中线的斯里兰卡岛，与中国南海出发的航线实现了对接。今广州（汉代番禺）、北海（汉代合浦）等地考古发现了大量两汉时期的罗马物品，说明当时已经有商品从红海沿岸运输过来了。中国北部的渤海、黄海地区则已有航线至朝鲜半岛和日本，胶东半岛的蓬莱等港口成为海上门户。

三国至唐宋时期，“海上丝绸之路”逐渐发展臻于繁荣，海上贸易持续发展。这一时期造船技术不断提高，而且中国是最早把指南针用于航海的国家，宋代便已用罗盘导航，海上远航变得更加容易。三国时期，孙吴政权十分重视发展水上交通，在广州、明州（宁波）、温州等地设立造船基地，设典船都尉，“以舟楫为舆马，以海岛为夷庾”。黄龙三年（231），孙权派康泰和朱应出使南海诸国，历时十多年方归。他们从广州出发，沿林邑（今越南南部）南下，先后访问了暹罗（今泰国）、扶南（今柬埔寨）、马来半岛的缅甸等国。他们回来后，将所见所闻写成《外国传》《扶南异物志》等书，介绍 了东南亚诸国的政治、经济和风土人情，对航海的介绍尤为详细。中国与印度的海上交通得到加强，中国僧人从广州乘商船前去天竺（古印度名）取经，印度高僧也常从广州登陆，进入中国翻译佛经和传教。

唐代海上航线进一步拓展，从广州出发的海上航

《外国传》现代版本书影

距今1 760多年前，三国东吴的孙权曾派专使康泰、朱应出使扶南（今柬埔寨）。扶南是以今柬埔寨为中心的古代南海大国，康泰、朱应等人在该国还会见了天竺（印度）使者，了解印度乃至西亚的国情，归著《外国传》《扶南异物志》。这是史书明确记载中国首次派遣专使交通南海诸国的大事，其意义实不亚于张骞、班超之通西域。

线远达波斯湾地区。《新唐书·地理志》中描述的“通海夷道”清楚地记录了从西亚波斯湾至广州的航线，连通南海、印度洋、波斯湾和东非海岸的90多个国家和地区，为中古时期最长的海上航线。在中国北方还有一条由登州至朝鲜半岛和日本的航线，称“登州海行入高丽渤海道”；东南沿海的港口也可以直航至琉球、日本。宋代政府十分重视海上贸易，造船技术不断提高，国家对外贸易的管理日加规范，在广州、明州（宁波）、泉州、温州、秀州和密州（山东诸城）等沿海港口设立市舶司，宋神宗时颁布了中国历史上第一部海洋贸易管理条例——《广州市舶条》。宋代扩大开放、鼓励番商来华贸易、规范管理的措施，促使“海上丝绸之路”的贸易进入鼎盛期。

唐宋时期广州出口商品有丝绸、茶叶、陶瓷等，但最大宗的出口商品是陶瓷，因此“海上丝绸之路”也被称为“陶瓷之路”，陶瓷外销称盛一时，中国北方的耀州窑、巩县窑，南方的长沙窑、越窑、龙泉窑、建窑等名窑产品在海外十分畅销。一些外贸港口附近也出现了为数众多的地方窑口专门制造外销陶瓷，其质量虽不如名窑产品，但有极大的外销量，如广州地区的西村窑、沙边窑，福州地区的怀安窑、义窑、浦口窑、东张窑，等等。

三国至宋元时期我国“海上丝绸之路”的发展特点是多种宗教的传入导致文明的多元化，大量来华僧人在沿海港口登陆，并建立寺庙翻译经书、传教；阿拉伯商人聚居于港口城市，建造清真寺做礼拜，广州怀圣寺、泉州清净寺、杭州凤凰寺和扬州仙鹤寺被称为沿海四大清真古寺。这一现象反映了中国对外来文化的开放

典船都尉

都尉原是战国至秦汉将军下面的武官,后也成为文官官职。典有主持、主管之意。典船都尉是三国吴时设立主管造船的官吏,当时在闽北的冶县设典船都尉，另建安有典船校尉。

北宋欧阳修等《新唐书》书影

与包容。

明清时期为“海上丝绸之路”的转折期。自14世纪开始，奥斯曼帝国不断扩张，占领了西亚的大部分地区，阻断了欧洲通往东方的陆上交通路线。15—18世纪，以西班牙、葡萄牙为代表的欧洲诸国积极寻找通往东方的海上新航线，开启了“大航海时代”。17世纪，欧洲、美洲直航到印度、东南亚、中国的贸易网络已经建立。中国也在新的世界贸易体系中占有重要的地位，是东方的主要贸易国家。尽管明清帝国曾在较长时间实行海禁政策，改变了唐宋时期积极开放的政策，对蓬勃发展的海洋贸易有所压制，但是民间的海上贸易却一直不能完全禁绝。西方国家不断想方设法打开中国的大门，与世界上人口最多的国家直接贸易。但明代前期仅

市舶使

市舶使是唐代管理海上对外贸易的官员。唐玄宗开元二年(714)之前，广州最早设立了当时全国唯一的市舶使。

市舶司

市舶司是中国在宋、元、明在各海港设立的管理海上对外贸易的官府，相当于现在的海关。

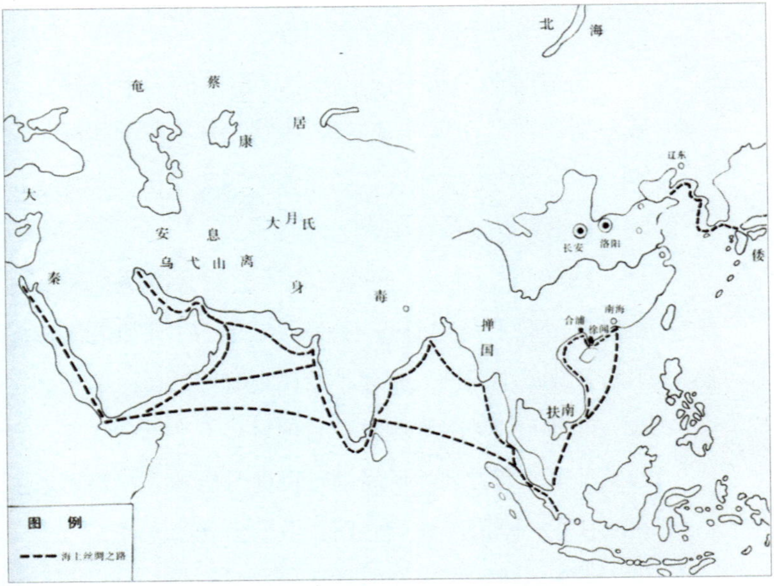

《新唐书·地理志》中描述的“通海夷道”——“海上丝绸之路”示意图

本图选自2003年广东经济出版社出版的《广东海上丝绸之路》。

开浙江、福建、广东三个市舶司，主持对朝鲜、琉球、日本和南洋诸国的朝贡贸易。明永乐至宣德年间，郑和7次组织船队下西洋，推动了朝贡贸易的发展，永乐年间有46个国家由海路前来朝贡。明代后期，澳门为葡萄牙所租借后，广州与澳门形成了“二元中心”的对外贸易方式，使商品贸易和文化交流得以发展。清朝初期曾实行十分严厉的海禁措施，迁沿海50里内的居民至内地。康熙时期统一台湾后，在沿海设置了粤、闽、浙、江四海关管理对外贸易，由于历史、地理、政治等因素，中国与西方国家的贸易逐渐集中到广东。乾隆二十二年（1757），清政府将对欧洲等西方国家的商品贸易限于广州，即所谓的“一口通商”。一直到1842年，清政府与英国签订《南京条约》，开放广州、厦门、福州、宁波、上海等五处为通商口岸，即“五口通商”，广州的垄断地位才被打破。

明清时期，从中国沿海港口出发的海上航线北至俄罗斯，西经印度洋连接非洲、欧洲，东至朝鲜、日本，还直接跨越太平洋连通了南美洲、美国，形成了可航行至世界各地的海上交通网络。

1840年，中英之间爆发第一次鸦片战争，西方列强逼迫清政府与之签订不平等条约，沿海和沿江口岸不断开放，中国进入封建半殖民地时代，“海上丝绸之路”也进入一种战乱频繁、殖民贸易不平等的状态。直到20世纪，西方列强所属的殖民地纷纷独立，建立了国际新秩序，“海上丝绸之路”散发出新的光芒，为全球化的经济时代做出了新的贡献。

朝贡贸易

朝贡是附属藩国及一些海外国家到中国进贡的行为，中国政府往往使用价值更高的物品回赐。也有外国商人借朝贡之名来到中国，除进贡以获得回赐外，也与民间进行一些商品贸易。这些行为统称为朝贡贸易。

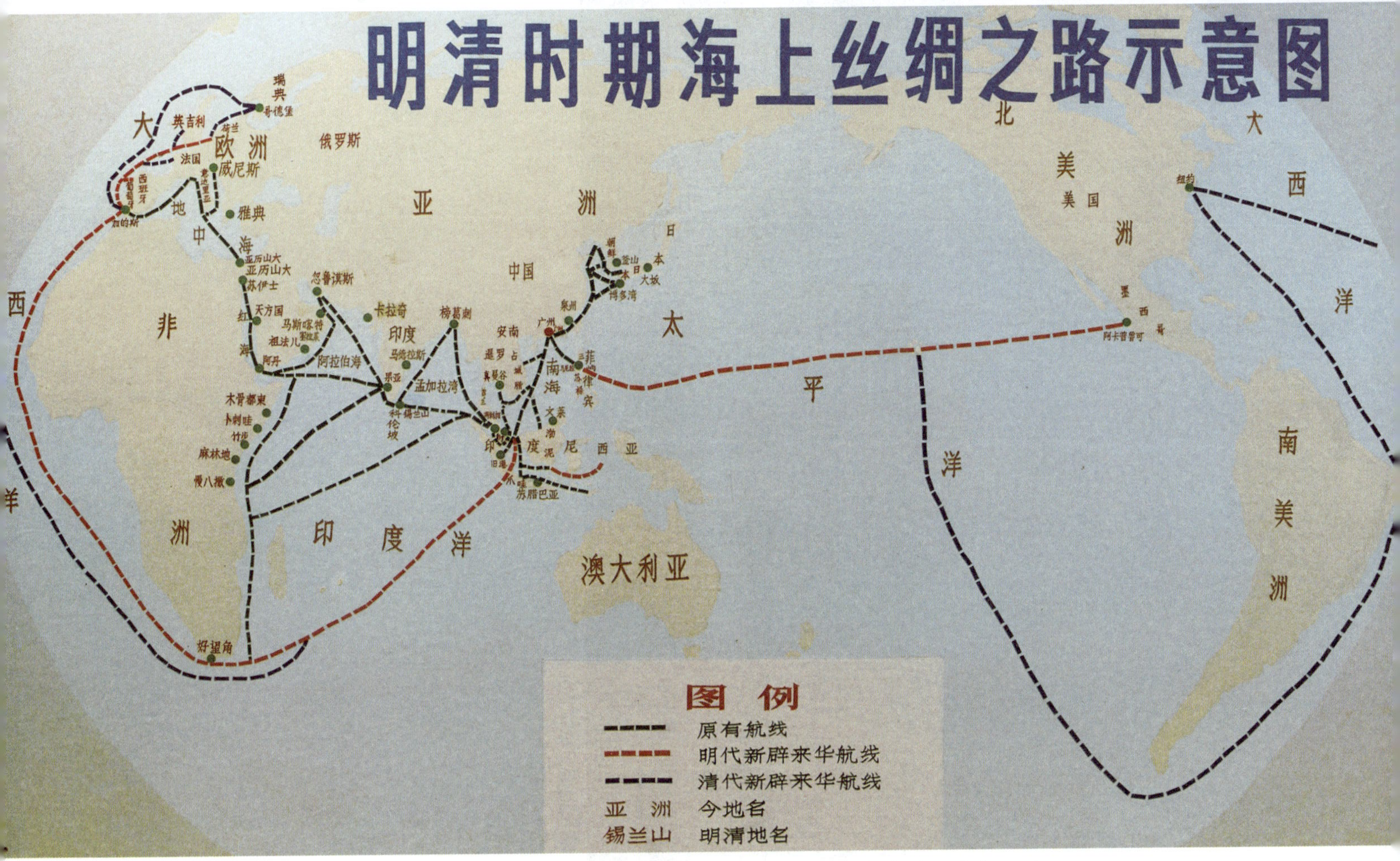

明清时期“海上丝绸之路”示意图　本图选自2008年文物出版社出版的《海上丝绸之路：广州文化遗产（文献辑要卷）》第167页。

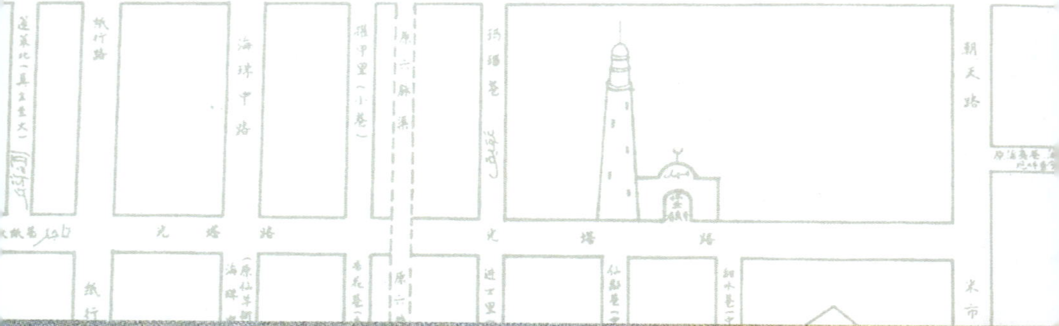
纸行路
海珠中路
光塔路
朝天路

广州

直面南海　永久港市

清代珠江两岸商业码头的繁荣景象

广州地处南海之滨、珠江之畔，海运、河运条件优越，地理位置重要。在中国海上交通发展史上，广州一直是中国主要的对外贸易港口。2 000余年来，广州通过南海航路连接到各大洋的港口，与世界各地展开了经久不衰的商品贸易和友好交往，成为联结东西方“海上丝绸之路”的枢纽港口。作为长盛不衰的贸易大港，广州是“海上丝绸之路”的重要发祥地，是中国走向世界的海上门户。秦汉时期，番禺（秦汉时期广州的称呼）是汇集海外“珠玑、犀角、玳瑁、果布”等重要商

品的著名都会。唐宋时期，广州成为世界闻名的东方大港。因朝廷的重视，广州先后设立了市舶使和市舶司，收取海贸商税，给政府带来丰厚的财政收入，故南宋时期有“天子南库”之称。明清时期，广州开通了连接全球的海上航线，世界各地商船纷至沓来。明代前期实行海禁，广州是仅存的三个市舶司之一。明代中后期葡萄牙人租借的澳门，成为欧洲国家至东方的桥头堡，与广州形成了“二元中心”，成为“大航海时代”的东方枢纽。清乾隆二十二年（1757），清政府下旨仅留广州

对西方通商贸易，广州对外贸易更是独占鳌头，一枝独秀，成为东西方海洋贸易的中心之一。直至1842年中英签订《南京条约》，清政府开放广州、厦门、福州、宁波、上海等五处为通商口岸，即“五口通商”，广州对西方贸易的垄断地位才被打破。

秦汉时期“海上丝绸之路”航线

秦汉时期，南海的海上交通逐渐得到开发，当时岭南地区的番禺是中国通过海路对外交通的重要港口（参见004页《汉代海上丝绸之路示意图》）。《史记·货殖列传》称“番禺亦其一都会也，珠玑、犀角、玳瑁、果布之凑”（凑，即聚集，谓番禺是各种货物的集散地）。外贸船只由岭南地区的徐闻、合浦及日南（位于今越南中部）出海远航，可达今印度、斯里兰卡等处，与西亚地区航行至印度洋的航线相接。因此，在广州地区西汉时期的墓葬中，已经可以发现来自当时罗马帝国的物品。到东汉时期，罗马人经过多次辗转可航行至南海，来自古希腊地区、西亚地区的商品已经从红海沿岸运输至广州。

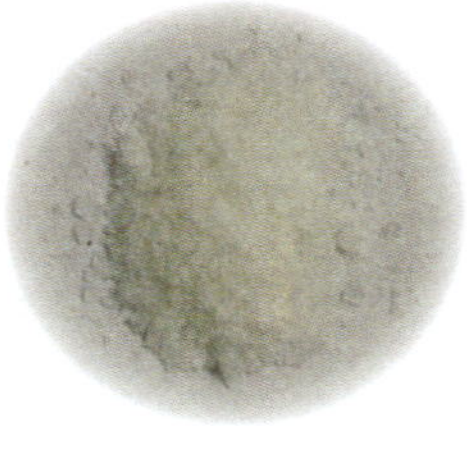

果布

马来语Kapur的音译，是生产于南洋的“固布婆律”，即龙脑香，又名冰片，用作中药。

粤人善作舟

珠江三角洲平原大约形成于5 000年前至商周之际，这里河网交错、濒临南海，很早就出现了以渔业为生的人类。他们制作舟船下海捕鱼等，活动范围从河扩展到近海，故有“粤人善作舟”之语。

秦汉时期广州地区已经可以制造规模较大的海

广州市中山四路秦代造船工场遗址

船。1974年，广州市中山四路考古发现了秦代造船工场遗址，这是我国目前发现年代最早、规模最大、保存较好的造船遗址。该遗址至2004年经过4次局部发掘，探知造船工场有三座平行排列的造船台，长达100米，南侧为木料工场地。据造船台的规模等信息推测，这座工场可以制造载重25～30吨的木船。秦汉时广州已具备这样大规模的造船基地，这不但为内河航运交通的发展奠定坚实的基础，也为后来汉武帝时期广州地区发展大规模的海外通商贸易提供了可靠的保证。

广州的汉墓中出土了不少船模型，有木船模型和陶船模型两类。广州博物馆藏有1件1954年沙河顶出土的陶船模型，长54厘米，中宽15.5厘米，高16厘米。陶船结构分前、中、后三舱。前舱低矮宽阔，篷顶为拱形；中舱略高，方形；后舱稍狭而高，是舵楼；坡式篷盖，船尾还有1间矮小的尾楼。这种船吃水深，负载量大，适合深水航行。船头两边安插桨架3根，舱内横架梁担8条，以加强船体结构和加深吃水量。陶船尾还有舵，舵的发明是我国古代人民对世界造船史的一大贡献。

这些考古发现证明，广州地区在秦汉时期就已经有比较发达的船舶制造业，为早期“海上丝绸之路”的发展提供了海上航行的技术基础。

梯山航海

三国时期，东吴政权把交州分为交、广二州，任命吕岱为第一任广州刺史，广州以此得名。这一时期，

与中原地区的战乱纷纷相比，广州地区长期相对比较稳定，因此吸纳了大量北方移民，他们扩充了岭南地区的人口并带来了先进的生产技术，使生产力得到极大发展。同时，南方政权注重海上运输和贸易，造船技术不断进步，广州作为“海上丝绸之路”起点的地位得到加强。根据《南州异物志》的记载，当时广州的海上商船“长二十余丈，高出水二三丈，望如阁道，载六七百人，物出万斛，随船大小式作四帆”，这样的船舶已经能够在深海区作长途远航，无须在沿海不断补给淡水和生活用品。东吴黄龙三年（231），孙权派朱应和康泰出使南海诸国，历时十多年方归。他们从番禺出发，沿林邑（今越南南部）南下，先后访问了暹罗（今泰国）、扶南（今柬埔寨）、马来半岛的缅甸等国。他们回来后，将其见闻写成《扶南异物志》《扶南传》等书，介绍了东南亚诸国的政治、经济和风土人情，对航

梯山航海

登山航海之意，比喻长途跋涉、经历险远的旅程。出自《宋书·明帝纪》：“日月所照，梯山航海，风雨所均，削衽（rèn）袭带。”

东汉陶船模型

1954年广州沙河顶出土，广州博物馆藏。

这是一艘内河或沿海航行的客货两用船。船分前、中、后三舱，船尾有望楼，船前系锚，后有舵。1958年，英国著名科学家李约瑟博士在广州博物馆意外发现了这艘东汉陶船模型，惊喜万分。此陶船模型证实了李约瑟之前提出的伟大推想：中国在公元3世纪或更早时期就发明了船尾舵，比欧洲早了近1 000年。此结论随后被李约瑟写入《中国科学技术史》。

海的介绍尤为详细。

到了唐代，广州已经是“海上丝绸之路”上的东方大港，阿拉伯人将广州称作Khanfu（广府）。《新唐书·地理志》所记载的“广州通海夷道”贯穿南海、印度洋、波斯湾和东非海岸的90多个国家和地区，是8—9世纪世界上最长的远洋航线。当时阿拉伯商人称广州“是船舶的商埠，是阿拉伯货物和中国货物的集散地”。丝绸、瓷器是当时最主要的出口商品，广州地区汇聚了内地的越窑、长沙窑、耀州窑等瓷器，并经海路出口到东南亚、南亚、西亚、北非等地区；进口商品则有香料、珠宝、象牙、犀角等。南宋初年，通过海路进口的货物有400余种，输往海外的商品有纺织品、陶瓷、金属制品、农产品、副食品、药材、染料、玩具、马匹、武器等。由于香料和药物在进口货物中占较大份额，因而“海上丝绸之路”又被称为“香药之路”。

为适应对外交往和海外贸易发展的需要，唐朝在广州设市舶使，代表朝廷掌管南海诸国的邦交和贸易事务，这是中国外贸史上第一个专门的管理官职。宋代始终推行鼓励通商、发展海外贸易的开放政策，推动“海上丝绸之路”臻于鼎盛。宋初平南汉，即在广州设置市舶司，后在明州（宁波）、杭州、泉州、温州、秀州和密州（山东诸城）等沿海港口各置市舶司。北宋市舶司以广、闽、浙三路最重要，但“唯广最盛”，广州是全国最大的外贸港口。南宋广州贸易“收课倍于他路”，因而有“天子南库”之称。宋神宗元丰三年（1080），制定了我国历史上第一部海外贸易管理的专门法规《广州市舶条》，完善市舶税收与许可证制度，成为宋代贸易

汉代船纹铜提筒

1983年广州象岗山西汉南越王墓出土，西汉南越王博物馆藏。

汉代船纹铜提筒纹饰拓片

1983年，广州象岗山西汉南越王墓出土有一个船纹铜提筒，筒身有4组纹饰，腹中部的主纹刻画有4艘战船，形状大同小异，首尾相连。这是我国目前考古发现年代较早、设施最完备的一幅海船图。

图中船首、船尾各立风帆（上部略去），主桅在中部靠前。船头立金鸡，下面倒挂一个首级。船上有武士5人，有在前头和瞭望台上站岗的，有掌舵的，有坐在主桅后面击鼓发号的，有一手执短剑的，形态各不相同，反映了船舶上人员的分工合作情况。整个画面描绘的是在海战中取得胜利并缴获大批物品（铜鼓）凯旋的场景。

管理的制度范本，对后世影响甚为深远。三国至唐宋时期的广州，既是"海上丝绸之路"的重要枢纽，也是海外商客从海路进入中国的门户，还是佛教、伊斯兰教海路传播和文化交流的中心。

自三国至宋元，广州的对外贸易日渐繁荣，进出口商品数量大、种类多，沿着珠江建立了诸多码头，海内外各式船舶停泊于此。

宋代广州是重要的外贸口岸，本地窑场随之兴盛，以制造专门外销的瓷器为主。广州西村窑和番禺区沙边窑即是重要的地方窑场。

清代绘画《五口通商后的广州》

1842年，清政府与英国签订《南京条约》，开放广州、厦门、福州、宁波、上海等五处为通商口岸，即“五口通商”。

三国至宋代广州的重要码头

朝代	码头名称	地址
晋（265—420）	泥城码头	今东风西路、西场一带
	坡山码头	今惠福西路坡山下（又称坡山古渡）
	西来初地码头	今上下九北侧，华林寺附近
唐（618—907）	屯门码头	今香港新界青山湾
	波罗庙码头	今黄埔庙头村一带（又称扶胥港）
	坡山码头	今惠福西路坡山下
	光塔码头	今海珠北路，光塔街以南地区
	兰湖码头	今流花湖公园附近（唐宋时期由北江、西江来的船舶多在此靠岸）
	城南码头	
	五仙观码头	今惠福路五仙观附近
	德政中路码头	今德政路
	丽都码头	今北京路与文明路交叉处
宋（960—1279）	波罗庙码头	今黄埔庙头村一带
	琶洲码头	今琶洲村附近
	大通港	今芳村花地附近
	西澳码头	今南濠街一带（又称南澳）
	东壆码头	今清水濠一带（又称东濠）

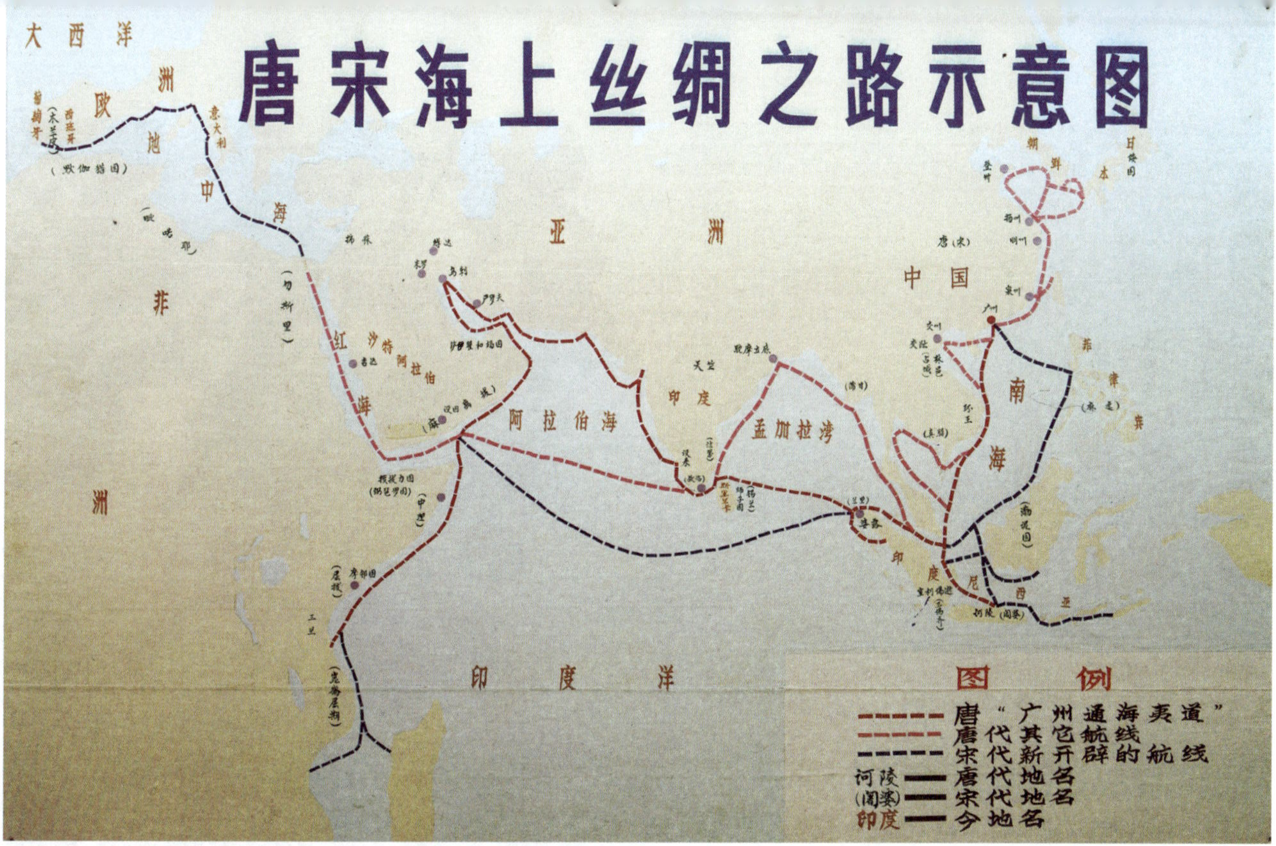

唐宋“海上丝绸之路”示意图

本图选自2008年文物出版社出版的《海上丝绸之路：广州文化遗产（文献辑要卷）》第78页。

长沙窑器物残片

广州德政中路唐代码头遗址出土。

广州西村窑瓷器

西村窑位于现广州市西村，是宋代广州出口瓷器的生产场所，产品多仿北方窑口。西村窑主要生产壶、碗、碟等日常生活用品，种类多达30余种，釉色有青釉、酱黑釉、绿釉三大类，近年在东南亚、西沙群岛等地考古均有发现。西村窑遗址于1952年被发现，有3处瓷器堆积，其中以皇帝岗的最大，堆积高达7米，并在其东南角发现1座36.8米长的龙窑残址。

广州番坊

建于唐代的光塔

唐宋时期，广州是对外贸易十分繁荣的东方大港，聚集了大量来自东南亚、南亚、阿拉伯地区的商人，人数高达数万。为了方便管理，广州在外国商民聚居的城西地区设置"番坊"，也称"蕃坊"，委任番长进行自治管理。番长由外商推选，主要职责是管理番坊事务、招徕外商、缴纳关税等。广州番坊大约起源于9世纪上半叶，即唐代中后期，位于广州城西今怀圣寺一带，当时这里还是珠江岸边。宋承唐制，仍设番坊供外商居住，且规模更大，还在番坊旁边修建了海山楼作为市舶司的办公地点，以加强与外商的联系。

怀圣寺也称狮子寺，位于唐宋时期番坊的中心区域，相传为唐贞观年间来华的阿拉伯人所建，是伊斯兰教传入我国后最早建立的清真寺之一，为纪念伊斯兰教创始人"至圣"穆罕默德而得名。怀圣寺采用中国传统的对称布局，由大门、二门、看月楼、回廊、月台、大殿、水房、碑亭、光塔等组成。"光塔"原名"番塔"，与怀圣寺合而为一，史书记载高16丈（今测量得高36.3米）。光塔样式独特，圆形塔身，通体白色，为国内仅有的塔类建筑，古书中也多有描述。如宋代方信孺在《南海百咏》一书中赋诗该塔："半天缥缈认飞翚，一柱轮囷几十围；绝顶五更铃共语，金鸡风转片帆归。"怀圣塔笔尖形的塔尖显示了阿拉伯特有的建筑风格，史书记载塔尖上还有金鸡一只，可测风向，故光塔也是唐宋时期广州的航标之一。

广州怀圣寺

广州番坊遗址示意图

番坊遗址在怀圣寺一带。番坊是唐政府划给波斯、阿拉伯等番商聚居的地方。

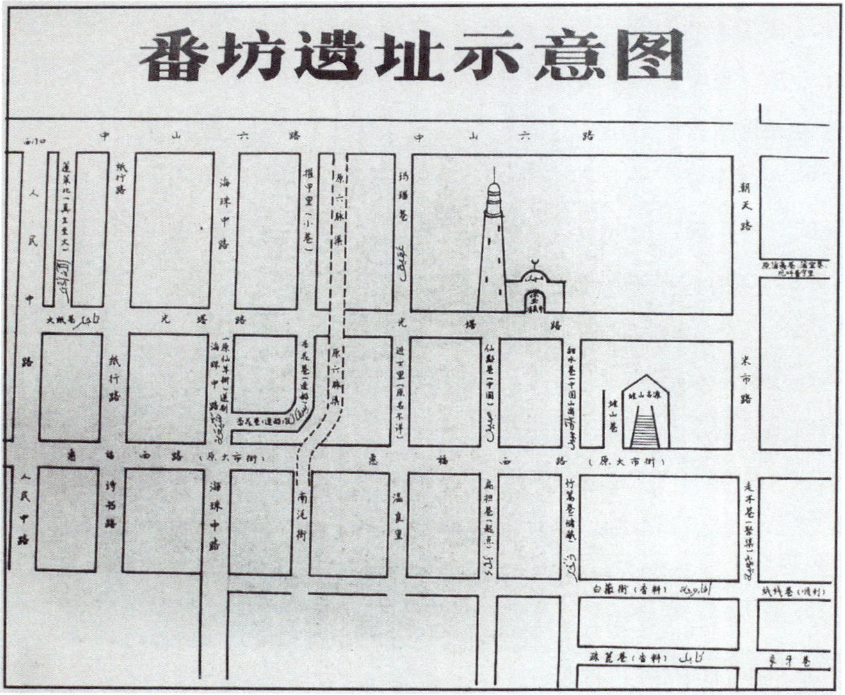

怀圣寺是唐宋时期在广州的阿拉伯商人最重要的宗教活动场所，其存在既表明广州外来商人的数量之众多，海上贸易之繁荣，也反映出当时中国对外来文化的开放与包容。

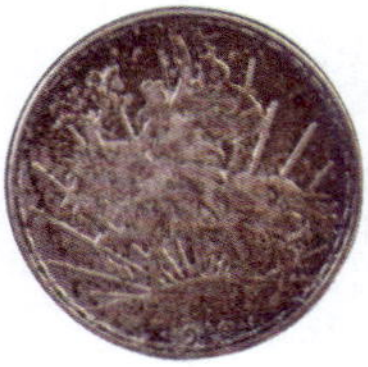

明代墨西哥银币

市舶太监韦眷墓出土，广州博物馆藏。

明代威尼斯银币

市舶太监韦眷墓出土，广州博物馆藏。

东方枢纽：大航海时代的广州

14世纪开始，奥斯曼帝国逐渐强大起来，占领了西亚的大部分地区。由于通往东方的陆上交通路线被奥斯曼帝国阻断，欧洲诸国便在海上寻找通往东方的新航线，使海上交通进入了“大航海时代”。明朝早期，伟大的航海家郑和于永乐三年（1405）至宣德八年（1433）七下西洋，开辟了从中国到39个国家和地区、最远抵达麻林地（今非洲坦桑尼亚的基尔瓦·基西瓦尼）的航线，为明中叶以降“海上丝绸之路”向全球扩展打下了基础。在郑和率船队七下西洋的一个世纪后，欧洲也诞生了哥伦布、麦哲伦等伟大的航海家，分别在西班牙、葡萄牙皇室的赞助下寻找通往古老东方的海上道路。16世纪，葡萄牙人航行至广东沿海贸易，并在澳门建立贸易据点，与中国进行贸易，西班牙、荷兰、英国等国家随后航行至东方，试图直接与中国进行贸易。广州与澳门相连的“二元体制”，成为当时世界航线的东方中心和交通枢纽。广州作为“海上丝绸之路”的始发港，形成了广州—澳门—果阿（果亚，Goa）—里斯本（Lisboa）航线；万历三年（1575）形成了广州—澳门—马尼拉—墨西哥阿卡普尔科（Acapulco）—秘鲁利马（Lima）航线；万历八年（1580）形成了广州—澳门—日本长崎（Nagasaki）航线，从而形成了从广州启

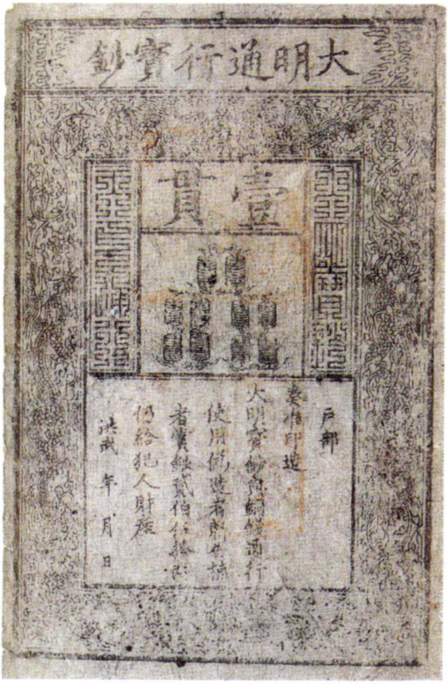

大明通行宝钞

此宝钞是我国也是世界上迄今票幅面最大的纸币，票幅面积为338毫米X220毫米。

明代怀远驿

怀远驿建于明永乐三年（1405），在广州十八甫路，是专门招待外国贡使及其随行人员的驿馆。明朝灭亡后，清朝以十三行商主持广州的对外贸易，十三行商设有十三夷馆，供外国商人居住，怀远驿也就没落了。现在我们看到的怀远驿是湮没在众多老街里的一条很普通的小巷，不过还可以看到一些当年的历史风采。

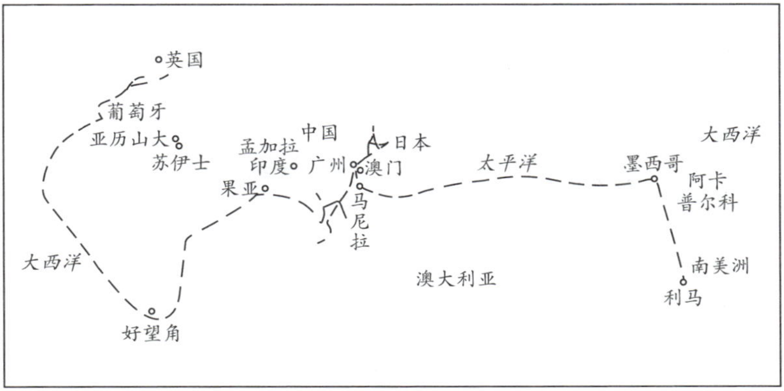

明代广州“海上丝绸之路”航线示意图

本图选自2003年广东经济出版社出版的《广东海上丝绸之路》。

航经澳门出海到东南亚、非洲、欧洲和南美洲的“海上丝绸之路”贸易航线。

清代广州长时间作为中国对欧美地区“一口通商”的外贸口岸，与欧洲诸国和美国进行贸易来往，商品贸易和文化交流十分繁荣。

康熙二十三年（1684），清朝政府实行开海贸易；乾隆二十二年（1757）又实行撤销江、浙、闽三海关，

清代粤海关“一百两砝码”

此砝码直径9厘米，厚5.5厘米。上面铸文“粤海关铸造收税一百两砝码承造官代办库大使叶滋钧照行”5行26字。清康熙二十四年（1685）在雷州府城设粤海关正税口，隶属海安总口，后在康皇庙北建税馆。这件砝码应是雷州口的遗物。《粤海关志》载，雷州口年额征银三千余两，而出土的这件收税砝码高达一百两，说明雷州口征收海外商船进出口税当不在少数。

规定番商“将来只许在广州收泊交易”的“一口通商”政策，使广州成为唯一始发港，“海上丝绸之路”得以持续发展。乾隆四十九年（1784）二月二十二日，美国的“中国皇后号”（The Empress of China）在纽约起锚出海前来广州与中国进行直接贸易，从而开辟了广州—澳门—好望角—纽约的北美航线；乾隆五十三年（1788），作为英国殖民地的加拿大的英国船长詹米·美尔斯（James Meares）前来广州做毛皮贸易，开辟了广州—澳门—温哥华岛的又一北美航线；嘉庆八年（1803）五月，俄罗斯沙皇派遣“希望号”和“涅瓦号”商船作环球航行，到广州进行毛皮贸易，开辟

粤海关大楼

粤海关大楼在广州沿江西路29号。粤海关设立于清康熙二十四年（1685），是我国最早设立的海关之一。咸丰十年（1860）粤海关税务司在现关址正式建立公署。民国三年（1914）粤海关大楼工程在现址奠基，民国五年（1916）落成。建筑由英国建筑师戴卫德·迪克仿照欧洲古典建筑形式设计，华昌工程公司承建，1916年5月竣工。1925年4月建筑照片送“美国建筑技术赛会”陈列展出。

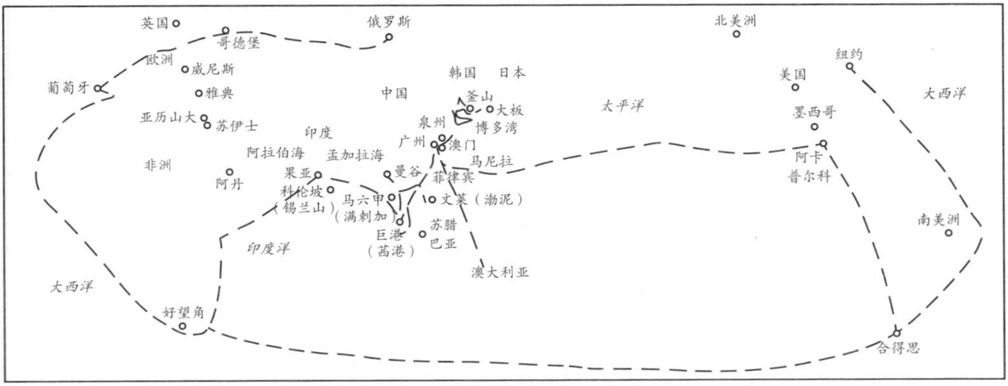

清代广州"海上丝绸之路"航线示意图

本图选自2003年广东经济出版社出版的《广东海上丝绸之路》。

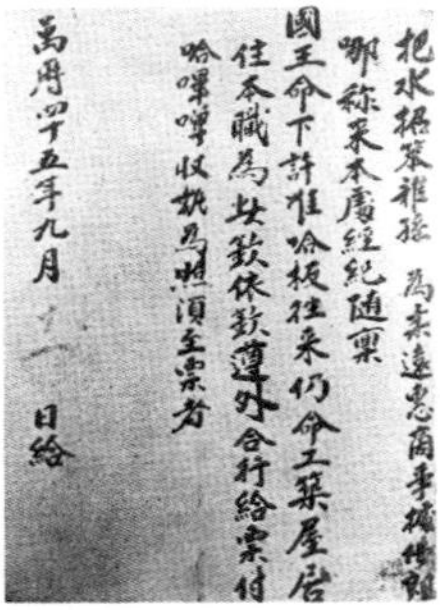
國王命下許准哈板往來仍命工築屋居
住本職為此致依欽遵外合行給票付
哈嗶嗶收執為照須至票者
萬曆四十五年九月　日給

进港文书

此为明政府于万历四十五年（1617）发给外籍船长哈哔啴的。

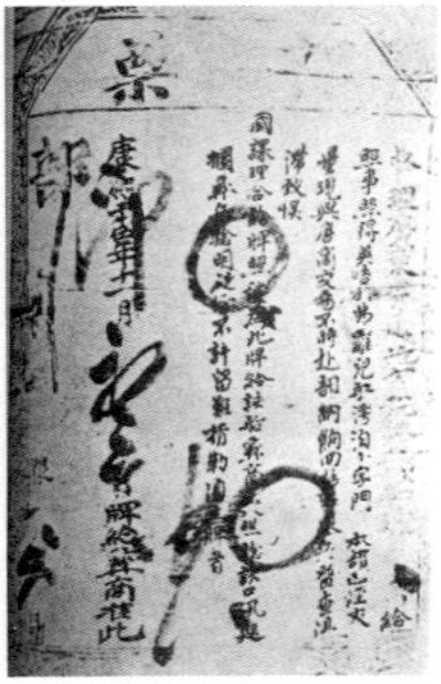

清粤海关外洋船牌

此是乾隆五十三年（1788）发给西洋商船载货前往英咭利的通行证。

了广州—澳门—俄罗斯航线；嘉庆二十四年（1819），来自英殖民地澳大利亚的英国商人詹姆士·孖地臣乘"哈斯丁侯爵号"（Marquis of Hastings）商船来广州购买茶叶，开通了广州—澳门—澳大利亚航线。由此，清代以广州为唯一始发港的"海上丝绸之路"在明代航线的基础上扩展到北美洲、澳大利亚和俄罗斯乃至全球了。世界各地来广州贸易的商船日益增多，其中以英国商船最多。据统计，康熙二十四年（1685）至乾隆二十二年（1757），来广州贸易的商船共312艘；乾隆二十二年（1757）至道光十八年（1838）达到5 107艘，其中英国商船占80%。

清代广州是进出口贸易十分繁盛的港口，特别在1757—1842年间，广州成为全国海上贸易的唯一门户，东西方商品云集，成为世界性贸易大港。出口商品以茶叶、丝绸和瓷器为大宗，并且茶叶取代丝绸成为出口商品的第一位，也出现了专为出口烧制的广彩瓷器。进口商品则有白银、香料、海产品等，并大量进口象牙、珊瑚、水晶、犀角等原材料到广州，加工成精美的工艺品行销国内。

中西方贸易中的商船

明代来广州贸易的商船多为葡萄牙人和西班牙人制造的大帆船（Great Ship），其吨位比中国帆船大，可达600～1 600吨，少数巨舶达2 000吨。船上人员组织严密，配备司令官（船长）、大副、领水员、医生、水手等，人数达数百。清代西方前来广州的大帆船扩展到英国、荷兰、瑞典、丹麦等国的东印度公司及美国贸易公司等，运载银圆、皮毛、棉布等货物到达广州，从广州运回瓷器、茶叶、丝绸等商品，往往一船就获利颇丰。明清时期欧洲各国为了更好地参与对东方的海上贸

瑞典“哥德堡号”

1738年瑞典东印度公司制造，曾三次来广州。1745年自广州返航瑞典，9月在哥德堡市近海水域触礁沉没。1986年12月9日被打捞出水。

易，专门成立了以“东印度公司”为名的公司，先后有1600年成立的英国东印度公司、1602年成立的荷兰东印度公司、1616年成立的丹麦东印度公司等。东印度公司是欧洲国家对华贸易的急先锋，在两个多世纪里，组织大批船队让中国和欧洲的商品互通有无，同时也促进了西方商人、船员、传教士、旅行家、艺术家、科学家等

17—19世纪广州主要出口商品

输往地区与国家	商品名称
日本	丝、丝织物、药材、糖、纸张、书籍等
东南亚	丝、茶叶、糖、瓷器、陶器、纸伞、粉条、干果、线香、纸钱、烟草、土布、生丝等
欧美国家	生丝、丝织品、茶叶、瓷器、土布、麝香、朱砂、明矾、铜、水银、甘草、生锌、大黄、桂子、糖、冰糖、姜黄、樟脑、绸缎、丝绒等

17—19世纪广州主要进口商品

进口地区与国家	商品名称
日本	黄铜、海参、鲍鱼、海带、鱼翅、白银等
东南亚	大米、石、象牙、沉香、速香、布、槟榔、砂仁、苏木、铅、锡、珀、玉、棉花、牙鱼、盐、燕窝、玳瑁、沙藤、打火石、水牛皮、鱼翅、海参、毛织品、印花布、竹布、胡椒、鹿茸、鱼肚、鸦片等
西欧各国	香料、药材、鱼翅、紫檀、黑铅、棉花、沙藤、檀香、苏合香、乳香、西谷米、丁香、降香、胡椒、藤子、白藤、黄蜡、哔叽缎、哆罗呢、羽毛布、自鸣钟、小玻璃器皿、玻璃镜、银圆、珊瑚、玛瑙、洋参等
美国	皮货、粗棉、铅、人参、水银、檀香水、银圆等

2006年瑞典“哥德堡号”商船复航至广州

茶叶

从“哥德堡号”打捞出水。广州博物馆藏。

清乾隆青花斗鸡图盘

随“哥德堡号”打捞出水，2006年瑞典国王卡尔十六世·古斯塔夫赠给广州市。广州博物馆藏。

不同职业人员的来往和宗教、文化、科学技术的交流。

“哥德堡号”（Gotheborg）是瑞典东印度公司著名的远洋商船，曾三次远航到中国广州。乾隆十年（1745），它最后一趟航行是从广州启程回国，船上满载约700吨的中国物品，包括茶叶、瓷器、丝绸和藤器。它在离哥德堡港大约900米的海面触礁沉没。人们从沉船上捞起了30吨茶叶、80匹丝绸和大量瓷器，在市场上拍卖后竟然足够支付这次广州之旅的全部成本。1986年，考古人员开始了对“哥德堡号”的水下考古发掘工作，打捞上来400多件完整的瓷器和9吨重的瓷器碎片，这些瓷器大部分具有中国传统的图案花纹，少量绘有欧洲特色图案，显然是当年“哥德堡号”为特定客户专门订购的“订烧瓷”。其中也有部分茶叶，在水下历经200多年色泽香味犹存。1993年，瑞典新东印度公司

乾隆十五年（1750）至乾隆六十年（1795）到广州贸易的外国商船数量

时间	商船数量	时间	商船数量
乾隆十五年（1750）	18	乾隆三十八年（1773）	28
乾隆十六年（1751）	19	乾隆三十九年（1774）	31
乾隆十七年（1752）	25	乾隆四十年（1775）	34
乾隆十八年（1753）	26	乾隆四十一年（1776）	26
乾隆十九年（1754）	27	乾隆四十二年（1777）	39
乾隆二十年（1755）	22	乾隆四十三年（1778）	33
乾隆二十一年（1756）	15	乾隆四十四年（1779）	28
乾隆二十二年（1757）	7	乾隆四十五年（1780）	25
乾隆二十三年（1758）	12	乾隆四十六年（1781）	39
乾隆二十四年（1759）	23	乾隆四十七年（1782）	14
乾隆二十五年（1760）	13	乾隆四十八年（1783）	36
乾隆二十六年（1761）	13	乾隆四十九年（1784）	35
乾隆二十七年（1762）	10	乾隆五十年（1785）	46
乾隆二十八年（1763）	17	乾隆五十一年（1786）	68
乾隆二十九年（1764）	24	乾隆五十二年（1787）	73
乾隆三十年（1765）	31	乾隆五十三年（1788）	65
乾隆三十一年（1766）	30	乾隆五十四年（1789）	83
乾隆三十二年（1767）	20	乾隆五十五年（1790）	59
乾隆三十三年（1768）	23	乾隆五十六年（1791）	38
乾隆三十四年（1769）	23	乾隆五十七年（1792）	55
乾隆三十五年（1770）	29	乾隆五十八年（1793）	44
乾隆三十六年（1771）	26	乾隆五十九年（1794）	43
乾隆三十七年（1772）	30	乾隆六十年（1795）	59

开始筹划仿造“哥德堡号”，历经10年仿制成功，并开始了新的海上航行之旅。2006年7月18日上午，“哥德堡号”胜利抵达广州港，受到人们的热烈欢迎。

广州十三行

广州十三行是由明朝的牙行发展而来的。在明朝时，广州与外商往来的曾有三十六商行，最初是民间商业机构，其中大多为闽籍商人。康熙年间，清政府将这些商行统一为十三行，授权代表政府主持和管理对外贸易，自此十三行就有了半官半商的性质。行商制度亦成为清政府控制对外贸易的一项重要制度。十三行是经营进出口贸易的特设机构，并不反映确切的洋行数目，多时不止十三家，少时则只有四五家。

行商中出名的有潘家、伍家等。怡和行行商伍秉鉴（1769—1843）是十分著名的行商，在当时的欧美商界中都负有盛名。他祖籍福建，字成之，号亚浩，其父即以伍秉鉴的号为商行名，外商因此称其为浩官（Howqua）。伍秉鉴自嘉庆六年（1801）执掌怡和行，当时怡和行在行商中贸易额居第三位，他接手后大力扩展伍氏家业。到嘉庆十八年（1813），清政府在行商中设总商，伍秉鉴位居众商之首，确定了在行商中的首领地位。道光十四年（1834），美国《华尔街时报》称："广州十三行洋商伍浩官不仅是广州首屈一指的富商，而且还是世界上少有的富翁之一。他拥有资产2 600万银两。"当时流传这么一个故事，有一位美国商人欠浩官72 000元银票，因而滞留广州无法回国。伍浩官当面把欠条撕碎，说账已结清了，你高兴什么时候走就什么时候走。因此，伍浩官之名在美洲驰声走誉达半个世纪，在西方商界享有很高的知名度，甚至美国一艘商船下水，也起名"浩官"。伍秉鉴不但在中国拥有地产、房产、茶山、店铺和巨款，还投资美国铁路、证券交易

牙行

是中国古代在市场上为买卖双方说合、介绍交易，并抽取佣金的商行或中间商人，有时也指牙商的同业组织。

19世纪油画《伍家花园》

广州博物馆藏

十三行行商伍秉鉴画像

和保险业务等。

从1757年乾隆皇帝确定“一口通商”开始，至1842年清政府与英国签订《南京条约》确定“五口通商”，十三行在广州独揽了中国与西方的海上贸易长达85年。清代的十三行街区并不只是今天的十三行路（清代称十三行街），它指的是外洋行及夷馆所分布的整个区域，大致范围南濒珠江，北至今天的和平东路，东至今仁济路，西至今长乐路。具有官商性质的行商垄断了这一时期的中国对外贸易，积累了大量的财富。

广州竹枝词

清　屈大均

洋船争出是官商，
十字门开向二洋。
五丝八丝广缎好，
银钱堆满十三行。

水上之城

广州所在的珠江三角洲地区河网密布，居民的生产、生活素来与船舶关系密切。清代中期，广州成为中国唯一的通商口岸，与之相关的贸易运输系统也是以船舶为主，故珠江上船舶种类繁多，大小各异，呈现出水上之城的繁华。

清代外销画——十三行的工人正在把茶叶装到船上

SPARK

玻璃画《清代广州十三行商馆区》
广州博物馆藏

珠江上繁忙活动的各式船舶深为前来广州的外国人所惊叹。1825年，美国商人亨特（William C. Hunter）到达广州，见此情景甚为震撼，后来他这样描写道："珠江，通称为省河，1825年2月21日呈现出与20年后大不相同的景象。其时河面上挤满本地船只，包括那些现在差不多完全绝迹的沿海航行的中国帆船……一长列盐船排在河南岛岸边，这些船从电白和澳门的西南海岸把盐运到这里……从内地来的货轮、客船、水上居民和从内地来的船艇、政府的巡船及花艇等，其数目是惊人的。此外，还有舢板，以及来往河南（今广州市海珠区一带）的渡船，还有一些剃头艇和出售各种食物、衣服、玩具及岸上店铺所出售的日用品的艇等，另外还有算命和耍把戏的艇——总而言之，简直是一座水上浮城。"

古代海外贸易模拟场景

荷兰东印度公司、英国东印度公司等还专门在广州雇佣一批画家绘制以珠江风景和船舶为内容的外销画。这些外销画主要有玻璃画、纸本水彩、纸本水粉、通草水彩等种类，多采用写实的绘画手法，完整地保留了当时珠江的繁荣景象和各式船舶的形制特点，为后人了解清代的珠江提供了直观的材料。这些外销画销售至西方后为人们所珍藏，其中许多精品至今仍保存于当地的博物馆、图书馆中。

明清珠江上的出海货船有可远航至东南亚一带贸易的洋船，前往惠州府、潮州府、廉州府、琼州府等地运载盐和货物的白漕船、乌漕船等。珠江上的内河货船种类繁多，很多船舶从宋代开始便已使用，明清广东地区经济的发展和对外贸易的鼎盛使岭南地区的经济联系更加紧密，整个珠江水系成为一个有机的交通系统，增加了许多前代文献中未见的内河货船。在清代的外销画中，有盐船、大开尾、西瓜扁、三板（舢板）、西南谷船、外江运粮船、香山米船、棉花渡、石料船、木料船、糖漏船、始兴油船、油枯船、炭船等几十种船舶。

清代水粉画《广州府城内双塔和油栏门外江岸》

蓬莱
寻仙问道　海上门户

蓬莱，古称登州，位于胶东半岛的东端，濒临渤海和黄海，与辽东半岛、朝鲜半岛隔海相望。蓬莱距辽东半岛的老铁山角之间只有90千米。考古发现，早在距今四五千年，山东半岛人就和辽东半岛人有海上的往来，蓬莱地区发现有重要的遗迹。春秋战国时期，蓬莱就已造船下海捕鱼和进行航海活动，后人根据考古发现，推测他们可以制造2～3吨的木船。秦代，在秦始皇的支持下，徐福率船队在琅琊古港出发寻访海上仙山，成就了寻仙问道的神话故事。隋唐至宋元，蓬莱都是北方地区的第一大港，是北方地区海上贸易的重要中转港口，沟通了朝鲜、日本与中国华北地区的商品和文化往来。直至明清时期，蓬莱在海上贸易和国防上仍具有十分重要的地位。蓬莱水城攻防一体，是中国古代设施最为完备的军港，考古出土了多艘元明时期的战船。

蓬莱在东亚的地理位置示意图

徐福探寻海上仙山

徐福是战国时期齐国的方士（方术之士），熟识山东沿海的天文地理和气象变化，常出入海上。公元前221年，秦始皇灭六国后，建立了中国历史上第一个统一的中央集权的封建国家。秦始皇巡视原齐国地区的琅琊郡时，徐福上书秦始皇称海上有仙山，有不老之药，吃后可以长年不老。《史记·秦始皇本纪》记载："秦王兼有天下，立名为皇帝，乃抚东土，至于琅琊……齐人徐市等上书，言海中有三神山，名曰蓬莱、方丈、瀛洲。仙人居之。请得斋戒，与童男女求之，于是遣徐市发童男女数千人，入海求仙人。"徐市，即徐福。于是，秦始皇派徐福率领船队出海寻仙和长生不老药。后来徐福航行至日本，在当地居住，不再回中国。当时的船队规模庞大，按照史书的记载，徐福率弟子童男女三千，并有"百工"，即包括熟悉修造船、航海、耕织技术等的人员，可发展生产和维持生活。船队中徐福乘坐之船称"师船"。

日本徐福公园的徐福像

徐福为秦代方士，始皇帝二十八（前219）、始皇帝三十七（前210）年先后两次奉派渡海，求蓬莱、瀛洲等仙山的长生不老药。后来到"平原广泽"，自立为王，再没回中国。其地有谓为亶洲，或考在日本。日本有蓬莱山名，存徐福墓、祠。无论史事考订如何，"徐福东渡"已成为中国古代对外航海交通历史的肇始。

秦始皇派遣徐福率领大批的人员出海远航，说明当时的山东半岛地区已具有发达的造船水平和能力，能制造可在海上远航的大船，同时又有较高的航海技术和成熟的航路，才能进行这样成功的航行活动。

隋唐登州古港与朝鲜、日本的交通

隋唐时期，隋炀帝、唐太宗、唐高宗多次对朝鲜半岛用兵，山东半岛是军队聚集、军用物资运输的主要地区，莱州、登州地区的港口兴建有大量的造船

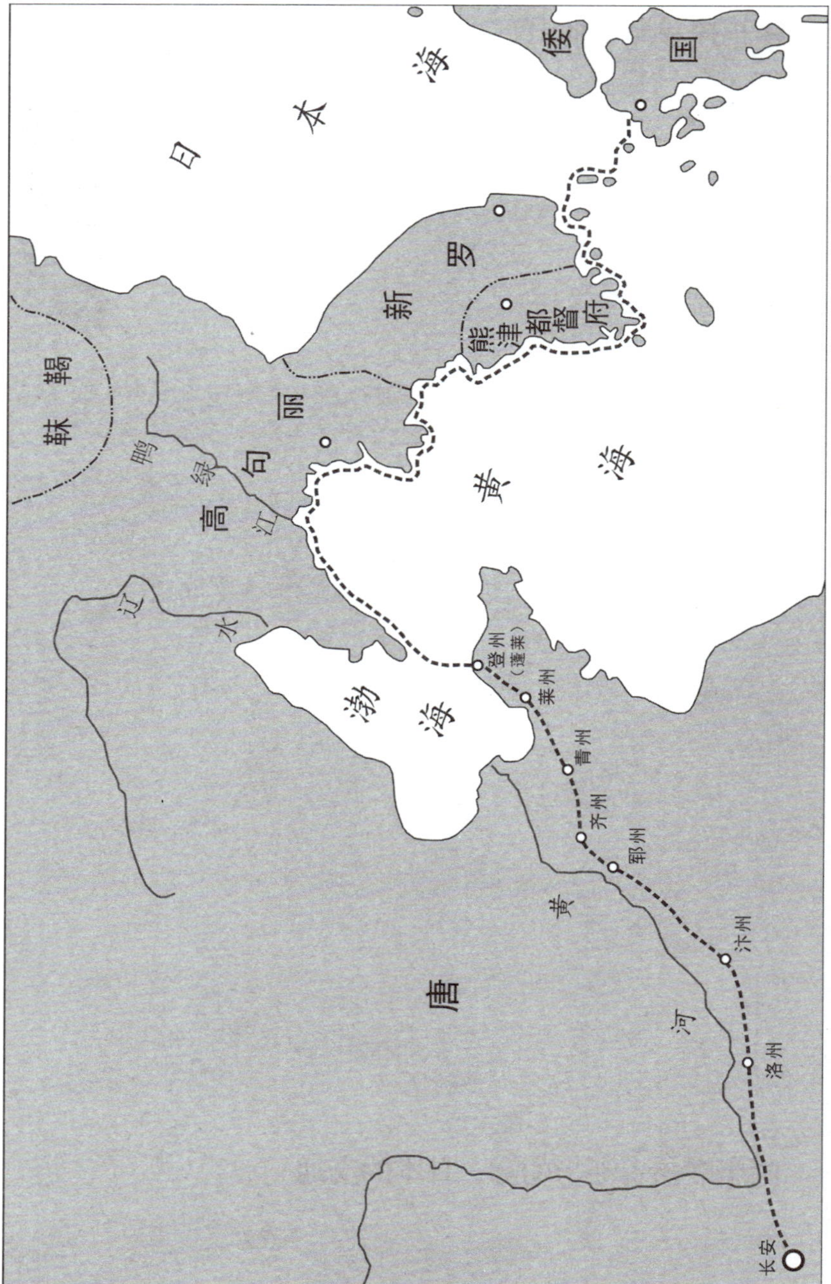

唐代从都城长安到登州，再航海至朝鲜半岛、日本的路线示意图

基地和仓库。唐高祖武德四年（621），唐朝在山东半岛设立登州行政区。唐中宗神龙三年（707），登州治所由牟平县迁至蓬莱县，蓬莱县隶属登州，港口遂正式命名为“登州港”。因为海上商贸和文化交往的需要，登州至朝鲜半岛、日本的航线在唐代已十分成熟。《新唐书·地理志》记载了唐德宗贞元年间宰相贾耽所记录的“登州至高丽、日本海道”，具体的路线是这样的：“登州东北海行，过大谢岛、龟歆岛、末岛、乌湖岛（四个岛屿均在今山东长岛县庙岛群岛）三百里。北渡乌湖海（今渤海海峡北部海面的旧称），至马石山东之都里镇（今辽宁大连市旅顺）二百里。东傍海壖，过青泥浦、桃花浦、杏花浦、石人汪、橐驼湾、乌骨江（今辽宁丹东附近鸭绿江入海口）八百里。乃南傍海壖，过乌牧岛、贝江口（今大同江口）、椒岛，得新罗西北之长口镇。又过秦王石桥、麻田岛、古寺岛、得物岛，千里至鸭绿江唐恩浦口（在今仁川南部的马山浦）。乃东南陆行，七百里至新罗王城。自鸭绿江口舟行百余里，乃小舫溯流东北三十里至泊汋口，得渤海之境。又溯流五百里，至丸都县城（今吉林集安县城），故高丽王都。”唐代至朝鲜半岛的路线可沿海岸线航行，也可由山东半岛跨越渤海直达朝鲜半岛中南部；至日本的航线可经朝鲜中转。

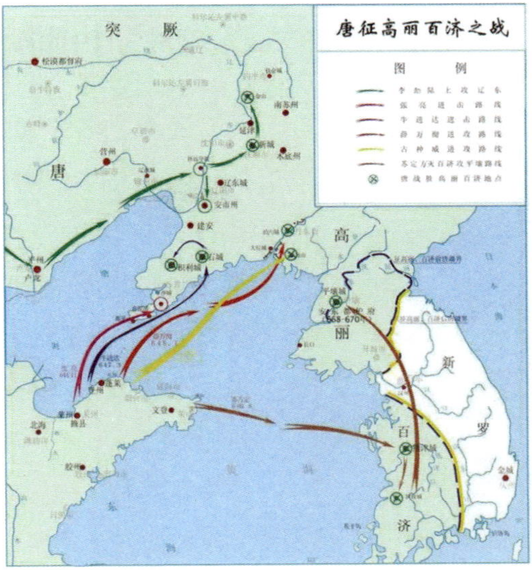

唐征高丽百济之战路线示意图

本图选自2014年山东省地图出版社出版《山东省历史地图集》。

蓬莱阁与中国海上神话传说

蓬莱之名，起源于战国时期“海上三神山”的神话传说。因为蓬莱海域经常出现海市蜃楼的奇幻景象，吸引战国时期的齐威王和齐宣王、秦始皇及汉武帝在此发起海上寻仙活动，并演绎出中国古代海上仙山的神话故事。现存蓬莱阁古建筑群始建于唐代贞观年间，宋嘉祐六年（1061）登州太守朱处约在丹崖山上建蓬莱阁，面朝大海。后来经过历朝的多次扩建和增修，现已形成蓬莱阁、天后宫、龙王宫、弥陀寺、三清殿、吕祖殿六大建筑群。蓬莱阁与黄鹤楼、岳阳楼、滕王阁齐名，被誉为我国古代四大名楼，也是中国道教的传统胜地。

蓬莱水城

远眺蓬莱阁

蓬莱水城是古代登州水军的驻防地，城内可停泊战船，操练水军，实施对外进攻，也可依托城墙，保护登州，可谓是攻防一体的水军基地。唐代即开始在利用蓬莱的天然港。水城真正的营建开始于北宋仁宗庆历二年（1042）。朝廷在登州港筑“刀鱼寨”，当时根据地形，沿着海边建立城墙，水城为弧形。明太祖洪武九年（1376），在宋代的基础上又加建码头，修筑环形的水城，并开凿水门，将海水引入城内的“小海”，有利于海船的进出和停泊。明神宗万历年间（1573—1620），为应对海上倭寇等海盗的威胁，登州府将土城墙面加以砖石包裹，依地势在东、西、北三面增筑敌台三处，又在水门东、西两侧居高临下各修建了一处炮台，以炮火控制附近海面，保护水城安全，使蓬莱水城成了军事要塞。

蓬莱水城负山面海，西北傍丹崖山和田横山，西南以紫荆山为屏障，南靠庙山，东南有高台地作掩护，北面临海，中间是呈东北—西南向的低平开阔的海湾。得天独厚的地形加上精心建设的城墙、敌台、炮台等防护措施，使蓬莱水城易守难攻。

民国时期的蓬莱水城

蓬莱水城设施独特，根据地形和防卫的需要建有城墙、水门、炮台、敌台、平浪台、码头、灯楼、防浪坝等。“小海”为水城内湖的俗称，在城中占据面积最大，连接外海，用以停泊船只、水军操练等。按照明清时期《登州府志》的记载，小海面积曾经约占水城的1/2。现今实地测量得小海面积7万多平方米，约占水城总面积25万平方米的1/3。北部城墙长300米，一直连接到蓬莱阁外墙上，十分险要。城墙平均高7米、底厚12米、顶厚8米，把小海、码头、军营等包围在内。

蓬莱水城设有城门两道。南门为陆地门，又称土门，原名为振扬门。北门为水门，也叫关门口，面对大海，是船舶的

蓬莱阁建筑群

出入口。门垛之间原设有包铁皮的木制栅闸，可升降，防止敌船突入。

清顺治十七年（1660）《登州府志》刊载的《备倭城图》

在水门外的东西两侧分设两座炮台，相距80多米，封锁着水门口外的海面，是护卫水城的重要设施。为保障城墙的安全，减弱来自东北方面海浪的袭击，水门外东侧沿东炮台向北延伸修筑了一条防波堤。

蓬莱水城在明清时期成为水军保卫北方沿海地区的重要基地。著名民族英雄戚继光（1528—1587）就曾以此为基地训练水军。嘉靖三十二年（1553），戚继光被升为署都指挥佥事，管理登州营、文登营、即墨营等3营25个卫所，治所设在蓬莱。他在蓬莱水城训练戚家水师数年，终于训练出了一支英勇善战的水师队伍。在

现代蓬莱水城

蓬莱3号古船
考古出土场景

明代，蓬莱水城也是朝鲜遣使来华的重要登陆地，是见证“海上丝绸之路”发展的重要遗存。

蓬莱古船

20 世纪 80 年代，蓬莱水城清淤发现了古代的沉船，给我们提供了关于中国古代航海极其宝贵的鲜活例证。经过科学地发掘、保护，以及复原展示，这些散发着历史气息的古船呈现在世人面前。

1984年，在登州古港蓬莱水城内的“小海”清淤过程中，考古出土了一艘元代的战船。经专家鉴定，原船属三桅木帆船，残长28.6米，残宽5.6米，有14个密闭舱。整个船体尖头阔尾，酷似一条巨型刀鱼，所以也叫“刀鱼船”。此船是我国目前发现的古代最长的一艘战船。同时出土的还有5件四爪铁锚、8件石碇等。2005年，登州古港小海进行第二次清淤时，又出土了3艘古船。古船为二桅远洋海船，其中1艘为明代中国战船，2艘为韩国古船。船上发现茧形壶、青釉瓷瓶、陶瓮等韩国文物。古船兼具韩国和中国的古代造船技术，反映了中国与朝鲜半岛造船技术的融合。

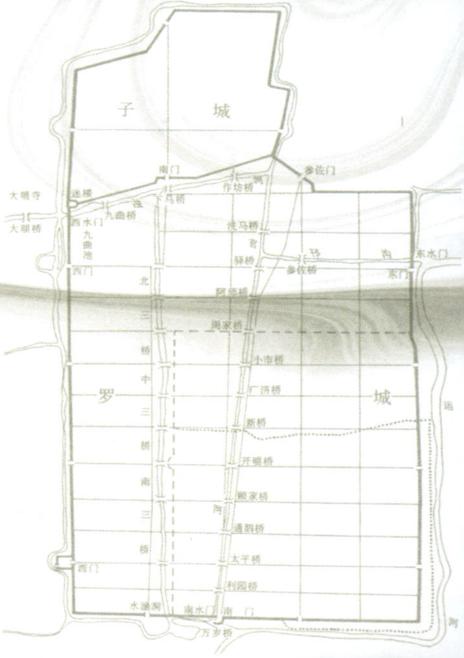

子城
南门
参佐门
作坊桥
大明寺
迷楼
下马桥
九曲桥
大明桥
西水门
九曲池
洗马桥
官
驿桥
东水门
参佐桥
西门
东门
北三桥
周家桥
小市桥
中三桥
罗城
广济桥
新桥
开明桥
南三桥
通泗桥
太平桥
西门
利园桥
南水门
南门
万岁桥
运河

扬州

海陆相接　丝路枢纽

扬州位于大运河与长江的交界处，且濒临东海，隋唐以来，一直是中国古代东南、华南地区和海外物品进入中原的水运枢纽，也成为“陆上丝绸之路”与“海上丝绸之路”的交汇点和交通枢纽。

广陵大郡，富甲天下。作为中国唐代四大对外贸易

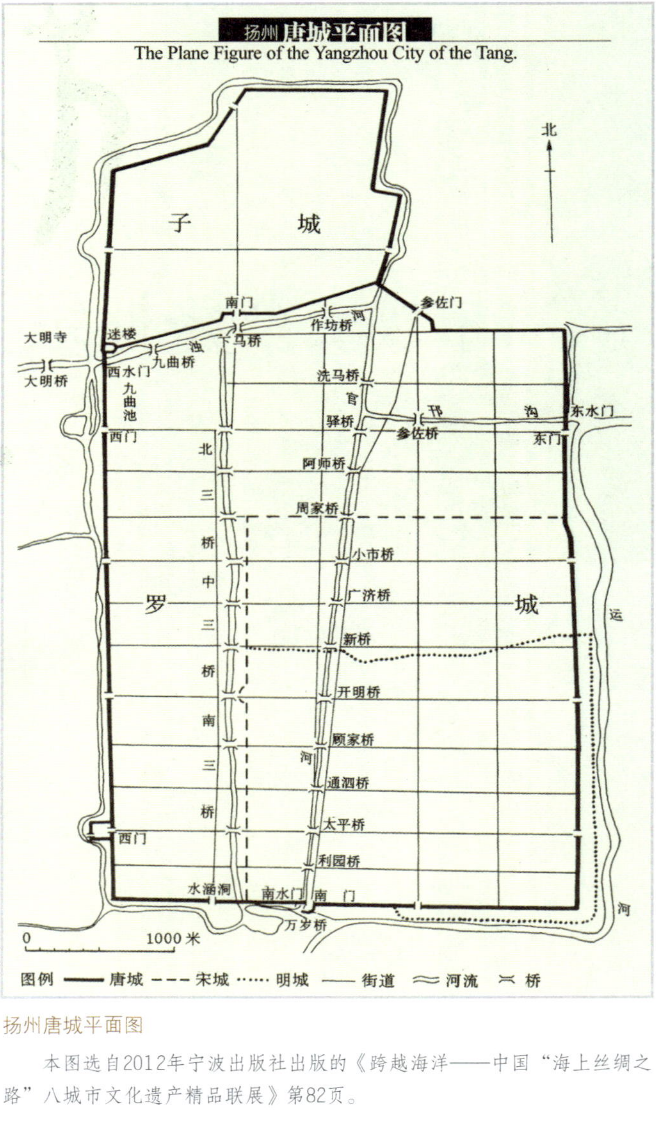

扬州唐城平面图

本图选自2012年宁波出版社出版的《跨越海洋——中国“海上丝绸之路”八城市文化遗产精品联展》第82页。

扬州仙鹤寺

口岸之一，扬州以其繁荣的城市经济和便利的水陆交通吸引着各国商旅，出现了前所未有的繁荣，成为闻名世界的国际商业都会，商业发达无与伦比，以致有“扬一益二”之称。唐代扬州是铜镜、金银器、漆器的制造中心，也汇聚了中国的瓷器和外国的香料、珠宝，商贾、番客如云。大诗人李白有“故人西辞黄鹤楼，烟花三月下扬州”的诗句，杜牧也写下了“十年一觉扬州梦”的感慨，徐凝又诗云“天下三分明月夜，二分无赖是扬州”，充分说明了扬州的繁华及其在唐人心中的地位。

唐代扬州城一分为二，诗云“霞映两重城”。蜀冈之上叫衙城或子城（是官府衙门机构的所在地），蜀冈之下叫罗城（是工商业与居民区的聚集地）。据考古得知，唐代扬州衙城周长 6 850米，面积约2.6平方千米。罗城更大，南北长4 300米，东西宽3 120米，规模比后来宋元明清时期的扬州城要大许多。

扬州是“海上丝绸之路”的重要港口城市。作为唐代第一繁华都市，扬州城吸引了大量外国商人，他们或通过“陆上丝绸之路”中转来扬州，或经由“海上丝绸之路”航行到扬州。长沙窑、邢窑、定窑、巩县窑、越窑等瓷器先汇集到扬州，再向海外销售。扬州地区还考古发现了来自西亚波斯的陶罐、玻璃器等物品。扬州也是中外商人的聚居之地，至今还保留着阿拉伯人所建的伊斯兰教仙鹤寺。该寺为南宋德祐元年（1275）伊斯兰教创始人穆罕默德第十六世裔孙阿拉伯人普哈丁来扬州传教时募款所建。它与广州怀仁寺、泉州麒麟寺、杭州凤凰寺同为东南沿海地区伊斯兰教的四大名寺。明洪武二十三年（1390）重建。仙鹤寺融合了伊斯兰建筑和中国古代建筑的风格特点，成为扬州和阿拉伯友好交往的一座标志。

扬一益二

“扬一益二”是对唐代东南、西南两大都市，即扬州、益州（今成都）经济发展的谚语表述。意思为除了长安、洛阳这两京，全国工商业经济最繁荣的是扬州，次为益州。

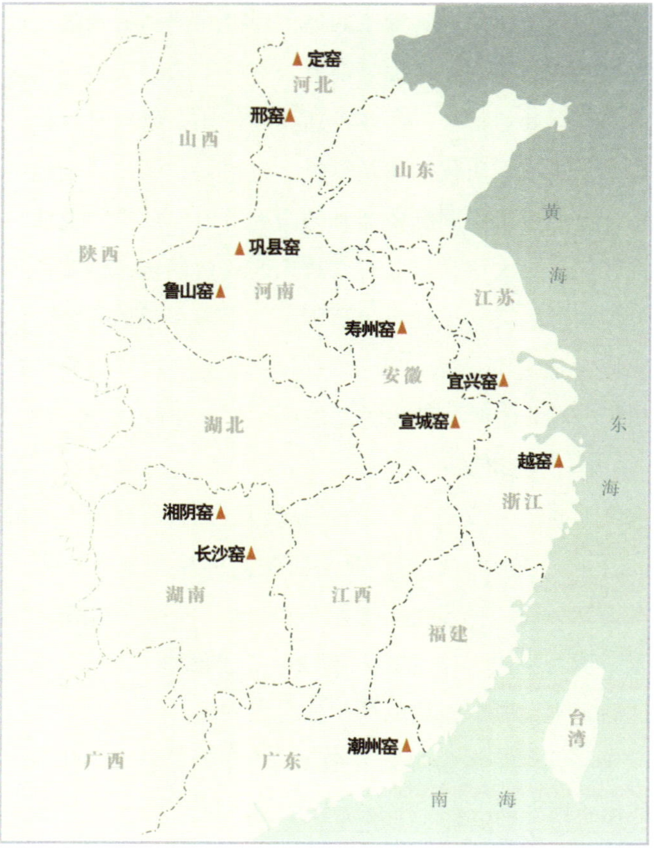

扬州地区考古发现的瓷器所属窑口分布示意图

本图选自2012年宁波出版社出版的《跨越海洋——中国“海上丝绸之路”八城市文化遗产精品联展》第83页。

唐长沙窑将军舞者乐工印模贴花多棱短流执壶

中国大运河

开凿运河是我国古代劳动人民兴建水利、改善河运的壮举，早在春秋战国时期就已经有楚庄王、吴王夫差等在长江流域开凿运河。秦始皇为平定岭南，开凿灵渠沟通了湘水和漓水，使大军顺利进入岭南地区。汉代在关中平原、华北平原等开凿运河多条，兼有改善耕地浇灌和粮食运输等功能。自东汉末年至三国两晋南北朝，历经数百年战乱后，隋文帝杨坚登上帝位，开始统一中国的进程，在前代基础上，利用自然条件又开始了开凿运河的进程。隋文帝开皇四年（584）开凿广通渠，它从今咸阳以西拥渭引水，经长安城北，循溉河以东的汉槽渠故道而行。开皇七年（587），为了征伐陈朝，在江淮之间疏凿邗沟，称为山阳读。

唐长沙窑抽象绿彩花卉长流瓜棱执壶

大业元年（605），隋炀帝杨广登基后，为了加强对江南广大地区的控制，方便物资向中原地区和征伐高丽的前线运输，役使数百万人开始了中国历史上最大规模的开凿运河活动。隋代大运河分为4段，自北向南分别为永济渠、通济渠、邗沟、江南运河，具体的开凿或疏通时间如下：大业元年（605）开凿通济渠，自洛阳到江苏清江（今淮安市），长约1 000千米，直接沟通黄河与淮河的交通，同时疏通邗沟。大业四年（608），在黄河以

隋朝开凿的大运河示意图

图片来源于观察者网，网址：http://www.guancha.cn

北开凿了永济渠，以洛阳为起点，经山东临清至河北涿郡（今北京西南），长约1 000千米。大业六年（610）开凿江南运河，把通济渠、邗沟一直伸延到余杭（今杭州市）。

明清时期的京杭大运河

图片来源于新华网，网址：http://www.xinhua.org/

隋炀帝时期开凿的运河联通了关中至江南、江南至北方的运河网络，大大加强了中央政权对地方的统治。尽管隋朝很快灭亡，但唐宋元明清各朝均以该运河为主要的漕运通道，不断整饬疏通，最后形成的南北大运河长达2 700余千米，是世界上最长的人工运河。大运河发挥交通干线的作用长达千年，相继在运河线上兴起开封、扬州、苏州、杭州等著名的经济都会。这些城市因运河交通的便利而手工业、商业兴盛，人口众多，在世界城市发展史上占有一席之地。

2014年6月22日，在卡塔尔首都多哈举行的第38届世界遗产大会上，中国大运河获准列入《世界遗产名录》，成为中国第46个世界遗产项目。

唐菱花形打马球铜镜

扬州博物馆藏

唐八角花卉纹铜镜

扬州博物馆藏

沉船“黑石号”与扬州制造

1998年，德国打捞公司在印度尼西亚勿里洞岛海域发现了一艘满载货物的沉船，因沉船地点附近有一块黑色大礁岩，故被称为“黑石号”。沉船上打捞出水的长沙窑瓷碗上带有唐代宝历二年（826）的铭文，结合其他器物考证，沉船的年代被确认为9世纪上半叶，即中国唐代晚期。船上有67 000多件遗物，以瓷器为主，其中长沙窑瓷器最多。另外还发现有数量众多的铜镜、金银器等，具有典型的扬州制造特征。从“黑石号”沉船上的货物推断，扬州是“黑石号”曾经到达的一个重要港口。扬州所产的精美物品既是地方向中央进贡的贡品，也是行销国外的重要商品。

“黑石号”沉船上的金手镯

扬州手工业生产具有悠久的历史，早在汉代就以冶铜、铸钱、煮盐而闻名海内。在隋开凿大运河后，水运有利的条件下，扬州成为举世闻名的商业中心和手工业中心，主要产业有造船业、漆器制造、铸钱、海盐生产等。

“黑石号”沉船上的银盒

扬州是铜器制造中心，尤其以铜镜最负盛名。其品种有水心镜、打马球镜、海兽葡萄镜、仁寿十二生肖

“黑石号”沉船上的金杯

镜、真子飞霜镜、双鸾神兽镜、双鸾衔绶带镜、涂金四蝶镜、双狮镜、双凤镜、雀绕花枝镜等，其形制除保留了圆形和少数方形外，又创造出方形圆角、亚字形、葵花形、菱花形等。其纹饰则有蝴蝶、蜻蜓、孔雀、鹊鸟、鸾凤、盘龙、狮、十二生肖、八卦、葡萄、卷草、宝相花、万字等，千变万化。

扬州制造的金银器也精美华丽，巧夺天工。史书记载，淮南节度使高骈赠给幽州节度使李可举一批礼

唐伎乐飞天纹金栉

扬州博物馆藏。1983年8月，扬州市内三元路西首工地上出土。同墓出土有一批唐代金饰，计有金栉（头饰）、戒指、耳坠、挂饰、串饰等20件。该件金栉高12.5厘米,宽14.5厘米，似马蹄形，有栉齿39支。栉的上部满饰花纹，主纹为一对奏乐的飞天，身材纤巧，面部丰润，情态妩媚。一人吹笙，一人手持拍板，在空中衣带临风，飘飘如飞。飞天下方铺以如意云纹。主纹外周为蔓草纹、莲瓣纹。沿边又饰以各种形式的花纹。整个纹饰主次分明，疏密有致，使金栉显得更加富丽华贵。

物，其中有金花银合、银结条灯笼、金花平脱银装砚匣并砚几各一。杜牧的诗《扬州三首》说“金络擎雕去”，描写的就是扬州制造的金丝鸟笼。唐代的扬州工匠还在铜器、漆器等工艺品上广泛使用金银平脱工艺，其过程为将金银薄片剪成或镂成花卉、鸟兽、人物等形状，用胶或漆粘贴在器物表面，然后髹漆多重，细加研磨，直至露出金银花片为止。

唐菱花双凤纹铜镜

扬州博物馆藏

汉代扬州漆器就已经全国闻名，唐代的漆器工匠在自身发展的基础上，又积极向襄阳等著名的漆器产地学习，使漆器制作水平得到提高。史书记载扬州一次进献宫廷就达15 000余件漆器，可见其生产规模之大。从制造技艺来看，扬州漆器艺人已掌握了金银平脱工艺和螺钿工艺，使漆器更加精美。

除此之外，扬州的毡帽、半臂锦、乐器、毛笔、纸张等产品也为时人所重，《新唐书·地理志》所记扬州土贡多达11种，包括番客锦袍、锦被、锦半臂、青铜镜、独窠细绫等著名产品。

旅行家马可·波罗

马可·波罗（Marco Polo，1254—1324）是13世纪意大利威尼斯一位平凡的商人之子，17岁时跟随父亲和叔叔沿“陆上丝绸之路”前来东方，途经两河流域、伊朗高原、帕米尔高原，历时4年，在1275年到达元朝大都（今北京）。马可·波罗随后在中国游历了扬州、杭州、福州、泉州等沿海港口城市，并在扬州做官3年。回国后，马可·波罗在一次海战中被俘，在狱中他口述了大量有关中国的故事，由朋友记录成书《马可·波罗行记》。《马可·波罗行记》是欧洲人撰写的第一部详尽描绘中国历史、文化和艺术的游记，书中记录了马可·波罗在中国的旅行纪实，以及途径西亚、中亚和东南亚等一些国家和地区的情况。该书描绘了中国的繁荣景象：发达的工商业、繁华热闹的市集、华美廉价的丝绸锦缎、宏伟壮观的都城、完善方便的驿道交通、普遍流通的纸币等等。

在中西文化交流史上，马可·波罗是位先驱，他的东方之旅向欧洲人介绍了发达的东方物质文明和精神文明，开辟了中西方全面交流的新时代。《马可·波罗行纪》成书后，很快就被翻译成多种文字，在欧洲流行。书中的描述直接激起了欧洲人对东方的强烈向往，对两个世纪以后欧洲开启大航海时代，开辟直接航向东方的新航线产生了重大影响，开辟了中西方联系和接触的新时代。

马可·波罗像

马可·波罗纪念馆

马可·波罗东行及返程路线图

图中上都位于今内蒙古自治区锡林郭勒盟正蓝旗，处滦河北岸，又有滦阳、滦京之称。上都是元太祖成吉思汗之孙忽必烈于13世纪中叶在中国北方草原上建立的都城，与大都（今北京市）共同构成元朝两大首都。

海

杭州

临安古都 丝绸之府

杭州位于东南沿海、钱塘江的下游、大运河的南端。杭州是中国七大古都之一，历史文化悠久。早在五六千年前，这里就有“中华文明曙光”之称的良渚文化。隋代开凿江南运河，即把最南端的起点设于此。因运河之便，钱塘江、太湖与长江及更远的北方地区相连，内河航运日渐发达。隋唐时期的杭州逐渐发展成为“珍异所聚”“商贾并奏”的都市。五代时期吴越国建都于此，兴修水利，治理钱塘江，促进了经济的繁荣。

北宋时期杭州人口已达20余万户，为江南人口最多的州郡之一。杭州经济繁荣，纺织、印刷、造纸业都较发达，对外贸易进一步发展，是全国四大商港之一。大文豪苏东坡曾担任杭州知州，曾写道“天下西湖三十六，就中最好是杭州”。南宋建炎三年（1129），高宗赵构南渡至杭州，升杭州为临安府。绍兴八年（1138），南宋正式定都于此，名为临安，历时140余年。杭州一跃成为全国的政治、经济、文化中心，开始进入鼎盛时期，并成为世界上最繁华的大都市之一。当时南北货物聚集于杭州，杭州内河港口的运输盛况空前。日本僧人成寻见到杭州港口的繁忙景象，这样描述：“着杭州凑口，津屋皆瓦葺，楼门相交。海面方叠石高一丈许，长十余町许，及江口，河左右同前，大桥亘河，如日本宇治桥，卖买大小船，不知其数。回船入河十町许，桥下留船，河左右家皆瓦葺，无隙，并造庄严。”两宋时期的杭州丝绸业蓬勃发展，成就了“丝绸之府”的美誉。以杭州为中心，向中国内地辐射的陆路、水路，以及向朝鲜、日本和东南亚地区的海洋交通，联通了长江流域沿岸和运河沿岸主要的商业城市，将大量的丝绸、瓷器、茶叶等货物输入杭州，再借由海

良渚文化

良渚文化是一支分布在中国东南地区太湖流域的新石器文化类型，代表遗址为良渚遗址，距今5 300～4 500年。该文化遗址最大特色是所出土的玉器；另外，陶器也相当细致。

1936年发现的良渚文化遗址，位于杭州城北18千米处余杭区瓶窑镇，是余杭县的良渚、瓶窑、安溪三镇之间许多遗址的总称，遗址总面积约34平方千米，是新石器时代晚期人类聚居的地方，年代为公元前3300—公元前2000年。

南宋金铤、金牌

1999年杭州西湖大道与定安路交叉口出土，杭州博物馆藏。南宋时期金铤、金牌主要用于赋税、赏赐、大宗商业贸易、海外贸易及兑换钞引（钞引是集纳税证明和授权买卖功能的特别许可证）等经济活动，价值极高，是重要的金融文物，对研究南宋时期金银货币流通制度及杭州地方史有着十分重要的史料价值。

运贩卖到海外。

明清时期，杭州所在的江南地区是中国的经济重心，有“上有天堂，下有苏杭”之称，杭州地区生产的丝绸、茶叶、龙泉窑瓷器等商品在对外贸易中仍占有重要的地位。

南宋龙泉窑青釉菊瓣纹碗

1978年杭州古荡出土，杭州博物馆藏。

杭州丝绸

中国丝绸自汉代以来就是对外贸易的重要商品。在长期的历史发展中，丝织品形成了绫、罗、绸、锦、缎、纱、绮等十多大种类，质量轻而价值高，适宜运输外销。杭州有“丝绸之府”之称，在中国丝织业中占有十分重要的地位。考古发现，距今4 700年的良渚就出土有丝织物，反映了杭州地区生产丝绸的历史之久。隋唐时期，杭州是丝绸的重要产地，工艺水准十分高超。822—824年间，大诗人白居易担任杭州刺史，专门写了一首《杭州春望》的诗来描述杭州丝绸的生产情况，诗

宋代蓝地小团花纹锦

中国丝绸博物馆藏。锦最早是古代四川（蜀地）一带的丝织品，在战国时期就已经出现。三国时期诸葛亮为筹集军费而大力发展蜀锦生产。到唐代蜀锦生产达到极盛，其生产方法、纹饰影响了江南一带。宋锦是产于苏州、杭州等江南地区的一种质地较薄、组织细密的织物，多用于装裱书画和包装经卷，也作为华丽服装的用料。

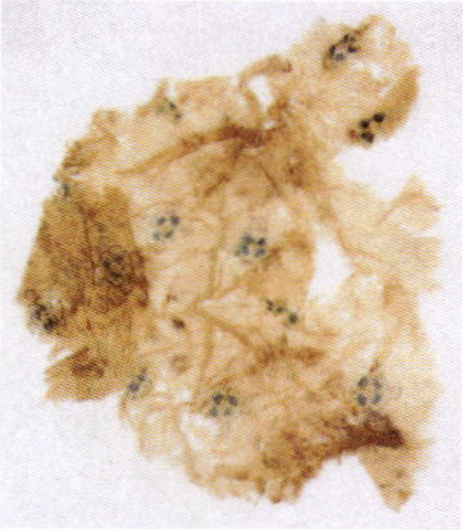

唐代小花纹罗

中国丝绸博物馆藏。罗是经纱互相绞缠后呈网状孔的丝织物，质地轻薄。考古发现中国在3 000年前已开始生产罗。秦汉以后，罗织物日臻精美，成为流行织物，如长沙马王堆汉墓出土的绫纹花罗，织造方法极为复杂。唐代罗多为花罗，织制得极为精致。宋代罗织物更是盛极一时。

云："望海楼明照曙霞，护江堤白踏晴沙。涛声夜入伍员庙，柳色春藏苏小家。红袖织绫夸柿蒂，青旗沽酒趁梨花。"诗中提到的"柿蒂"，即为当时杭州盛产的柿蒂花绫。在今甘肃省敦煌等地"陆上丝绸之路"的重要节点上，考古发现有柿蒂花绫，应为当时杭州生产、运往中亚地区销售的。

据史书记载，五代时期的吴越国就在杭州设立了官方的丝织工场——织室。北宋年间杭州丝绸生产达到了鼎盛，具有很大的规模。宋代杭州是重要的对外贸易港口，设有管理对外贸易的机构市舶司，杭州的丝绸产品通过海路远销到西亚地区。南宋定都杭州，专门为宫廷织造丝绸的机构绫锦院、染院、文绣院等纷纷迁到杭州，大批能工巧匠随之来到杭州，提高了丝织业的生产水平，促使杭州成为中国丝织品的中心。

元代，杭州丝绸远销海内外。那时，杭州城里的商贾一半以上从事丝绸贸易。《马可·波罗行记》记载："由于杭州生产大量的绸缎，加上商人从外省运来的绸缎，所以，当地居民中大多数人，总是浑身绫罗，遍地锦绣。"明清时期，杭州丝绸生产更加发达，丝织手工业及家庭小绸坊遍布大街小巷，有"日出万绸，衣被天下"之誉。杭州的丝织产业出现了早期资本主义性质的工场，生产技术显著提高。清代杭州丝织业分为官营和民营两大系统，清政府在江宁（今南京）、苏州、杭州建立了官府织造局，统称为"江南三织造"，杭州占有重要地位。民营织造业则出现了"机户万计"的盛况。杭州丝绸行销天下，可谓"千里迢迢来杭州，半为西湖半为绸"。

晚清宝蓝缎彩绣玉堂富贵女衬衣

宁波市海上丝绸之路遗产保护和申报世界文
世界文化遗产大运河宁波段保护
浙東海事民俗
156

宁波

东海之滨 商贸中心

宁波，古称明州，濒临东海，处于中国海岸的中部位置。唐开元二十六年（738）设明州，州治在四明山山麓的小溪，辖鄮、慈溪、奉化、翁山4县。唐长庆元年（821）州治从小溪迁至三江口，并建子城（也叫衙城，是官府衙门机构的所在地），为其后1 000多年宁波城市的发展奠定了基础。明洪武十四年（1381）为避国号讳，改称宁波府。宁波之名沿用至今。

隋代开建大运河后，始建于晋代的浙东运河与大运河相连，造就了宁波广阔的对外贸易市场和充足的货物来源。唐代政府实施对外开放的政策，明州（宁波）的对外贸易发展很快。因宁波对外贸易的重要地位，自宋代开始，至元明清四朝均在此设立管理外贸的市舶司、浙海关等专门管理外贸的机构。中国东南地区的丝绸和茶叶，以及越窑、龙泉窑瓷器均经此出口，影响了整个东亚和南亚地区。

清代铜版画《宁波河岸》

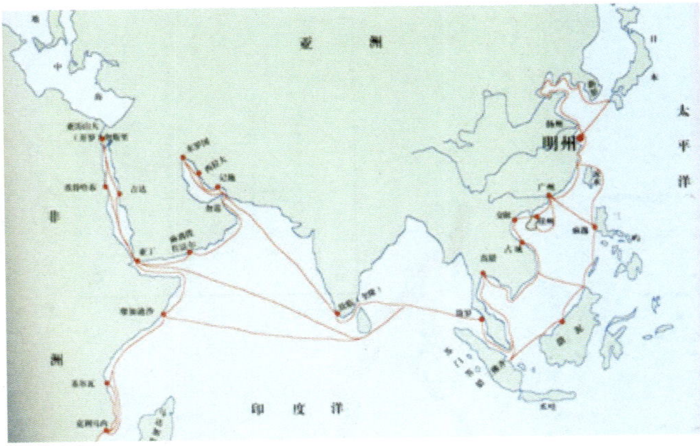

明清时期明州对外航线示意图

图片来自未来网，网址：http://news.k618.cn/society/201705/t20170510_11305978.html

明朝政府实行“禁海”的政策，只开浙江市舶司（宁波）、福建市舶司（初设于泉州，后移至福州）和广东市舶司（广州），其中宁波的交往对象是日本，泉州交往的对象是琉球，占城、暹罗（今泰国）等则只能在广州进行贸易。这样，宁波就成了明朝与日本进行往来的唯一合法口岸。

迄今为止，宁波共发现了 6 条沉船，分别是和义路唐代龙舟（1973 年发现）、东门口北宋木船（1978 年发现）、和义路南宋木船（2003 年发现）、潮塘江元代沉船（2014 年发现）、象山县明代木船（1994 年发现）和小白礁清代沉船（2008 年发现）。从唐代至清代的沉船在宁波都有发现，也说明宁波海运自唐代以来就源源不断。

浙东运河

浙东运河又名杭甬运河，西起杭州市滨江区西兴街

杭甬（浙东）运河（宁波段）航道线路示意图

本图选自2012年宁波出版社出版的《跨越海洋——中国“海上丝绸之路”八城市文化遗产精品联展》第106页。

道，东至宁波市甬江入海口，全长239千米。运河最初为春秋时期开凿的山阴故水道。西晋时，会稽内史贺循主持开挖西兴运河，此后与曹娥江以东运河形成西起钱塘江、东到东海的完整运河。至隋朝大运河开凿，杭州为江南运河的南端，浙东运河与大运河相连，为大运河的延长段，宁波由此成为中国大运河的出海口之一。隋唐时期浙东地区是十分重要的粮食、海盐、瓷器等物品产地，故浙东运河承担了漕运的功能，将漕粮等运至杭州，再沿大运河运输至中原地区；对外则承担海上贸易的商品中转职能，沟通中外商品往来，地理位置日益重要。

南宋建都临安，延续了北宋鼓励海上贸易的政策，为保障财政收入，宋高宗一再强调海外贸易的重要性。浙东运河连同京城临安（杭州）与明州（宁波），为重要的物质运输通道，故南宋政权格外重视对浙东运河的整修。南宋初年，宋高宗即征发民夫修整浙东运河绍兴及余姚段。之后南宋政府还多次组织人力整饬疏通运河，大大改善了航运条件，可通航200石至500石的大型船只，盐、米、木材等货物通过浙东运河大量运往临安。

明洪武三年（1370），浙江市舶司设于宁波。后宁波成为接待日本贡船的唯一港口，日本过来的人员、贡品等通过浙东运河前往京师。清代浙东运河还发挥着航运的作用。

雄镇海疆：镇海口海防遗址

宁波地处我国海岸线中段，北临杭州湾、长江口，南连闽、粤，为南北转运、补给和海上交通之要冲，战略地位极其重要。镇海口海防遗址位于浙江宁波

全球各地考古发现越窑青瓷分布及传播路线示意图

唐代至北宋时期，浙东地区的越窑青瓷产品依托宁波对外贸易发达的优势，远销亚非各国。越窑的制瓷技术不仅传播至朝鲜半岛、日本，还远播至埃及等地，其产品风格影响了当地瓷器的生产。本图选自2012年宁波出版社出版的《跨越海洋——中国“海上丝绸之路”八城市文化遗产精品联展》第126页。

宋明州（庆元）码头分布图

Map of docks of Mingzhou (qingyuan) in Song Dynasty

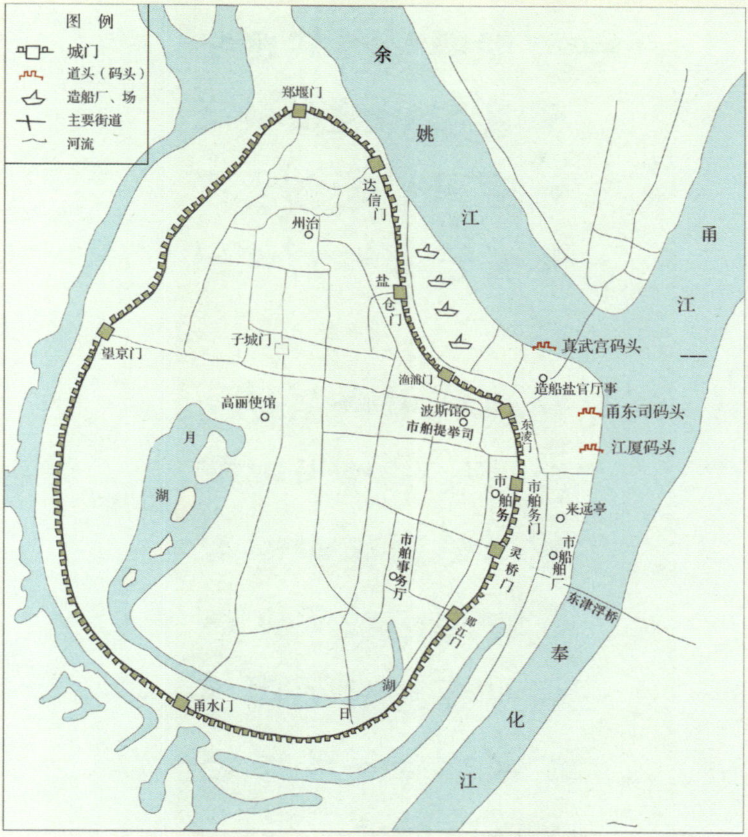

宋代庆元年间明州码头分布图

本图选自2012年宁波出版社出版的《跨越海洋——中国“海上丝绸之路”八城市文化遗产精品联展》第108页。

唐代越窑青釉瓜楞水盂

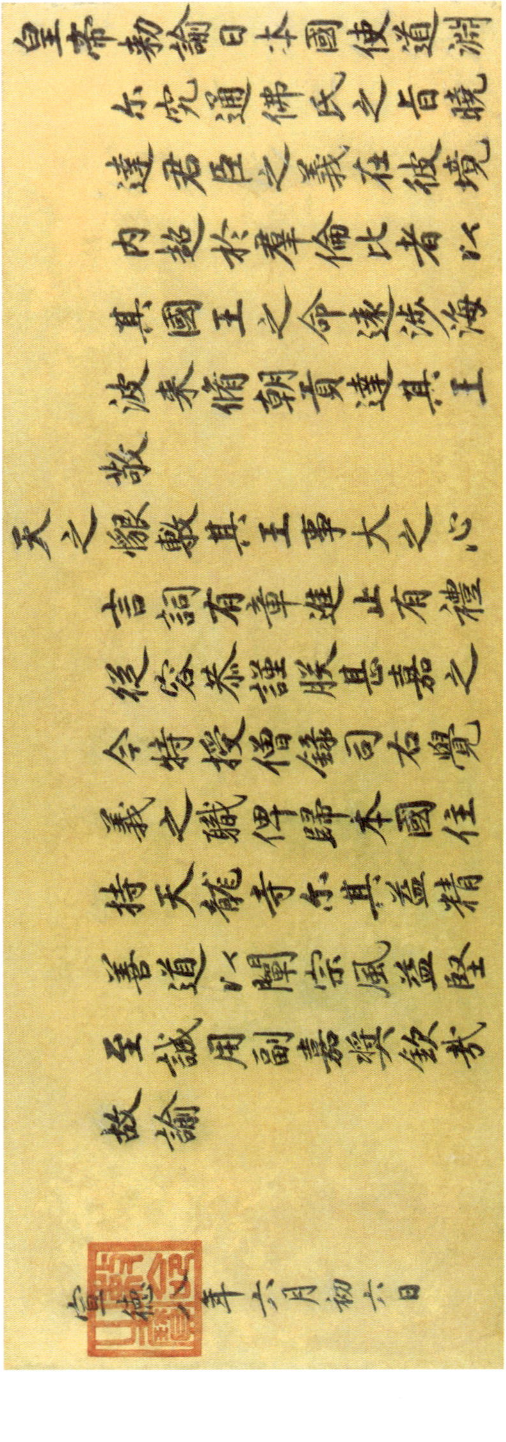
皇帝敕谕日本国使道渊
尔究通佛氏之旨晓
达君臣之义在彼境
内能于群伦比者以
其国王之命远涉海
波来修朝贡达其王
敬
天之[illegible]敷其王事大之心
言词有章进止有礼
从容恭谨朕甚嘉之
今特授僧录司右觉
义之职俾归本国住
持天龙寺以其益精
善道以阐宗风益坚
至诚用副嘉奖钦哉
故谕
宣德八年六月初六日

明宣宗圣旨

洪武三年（1370），明朝在宁波设立“宁波市舶提举司”，限定宁波港只准接纳日本勘合贸易的“贡船”。宣德八年（1433），日本天皇派京都天龙寺主持光室道渊（原籍宁波）为正使率使团入明，此为明宣宗所赐手谕。

市镇海区沿江东路。镇海素有“海天雄镇”“浙东门户”之称，是浙东的海防要地。明朝中叶，倭寇勾结不法商人，接连不断侵犯江苏、浙江、福建、广东等地，到处攻城劫寨、杀人放火、奸淫掳掠。倭寇的骚扰，激起了浙江军民的强烈反抗，明朝政府派重兵征剿倭寇，名将卢镗、俞大猷、戚继光先后驻守镇海，在招宝山建威远城，并屡与倭寇鏖战于甬江南北，威震海疆。镇海先后经历了抗倭、抗英、抗法、抗日等闻名中外的抗击外来侵略的自卫战争，在镇海口留下了许多可歌可泣的英雄事迹和海防遗址。

镇海口海防炮台

倭寇

倭寇是海盗的一种，特指元明之际到明代中期，活跃在中国沿海以倭人（我国古代对日本人的称呼）为主、包括部分汉民的海盗。

镇海口海防遗址包括宁波市镇海区甬江入海口南、北两处以金鸡山、招宝山麓为主要地段的30多处海防遗迹，其面积约4平方千米。遗址有甬江北岸镇海区招宝山的威远城、明清碑刻、月城、安远炮台，梓荫山的吴公纪功碑亭、俞大猷生祠碑记、泮池（裕谦殉难处）、吴杰故居等；甬江南岸北仑区的戚家山营垒、金鸡山瞭台、靖远炮台、平远炮台、宏远炮台、镇远炮台。1997年建成有镇海口海防历史纪念馆开放。

镇海口防御工事遗迹

金甃石巷
水心祠
嘉會里
府城殿巷
甜井巷
木杓巷
周宅巷
中山書院
城守營
溫處道
經歷
舊同知署
譙樓
康甯巷
新校士館
倉後
招賢巷
永嘉縣
興文坊
開元寺
倉聖祠
胡公廟
祭酒坊

温州

瓯越故地

鹿城新港

温州位于浙江省东南部，濒临东海，南面与福建相邻，瓯江、飞云江和鳌江三大江在此流入东海，江海交汇处分布着城镇、集市和数量众多的优良港口。温州在古代文献中统称为“瓯”“沤”或“欧”，也称为“沤深”“沤越”等，西汉时期是“东瓯国”的封地。汉顺帝永和三年（138）置永宁县，东晋明帝太宁元年（323）设永嘉郡，唐高宗上元二年（675），把属于括州的永嘉、安固两个县分离出来，设置成温州。温州因冬天比较温暖而得名。

早期瓯越人临海而居，有着深刻的海洋文明印记，使用舟船的历史悠久。夏商时期，温州已与中原地区有水上交通往来。西周至春秋时期，温州已能制造“扁舟”“轻舟”“三帆”等在海上往来的舟船，对海上交通的发展和港口的孕育，起到了促进作用。战国时期，东瓯是中国沿海出现的九个重要港口之一。三国时期，温州属于东吴政权，航海业颇为发达。境内设有官营“横屿船屯”，委派典船校尉监督罪徒造船。“横屿船屯”是当时江南三大造船基地之一，故有“万船”之称，谐音“万全”，平阳县万全镇之名始于此，并沿用至今。

东晋太宁元年（323）立永嘉郡，瓯江南岸建造郡城，港址移至城北沿江一带。后代的港口建设均以此为基础，逐渐扩展。南朝永嘉太守谢灵运的《游赤石进帆海》有“扬帆采石华，挂席拾海月”的诗句，描绘了海上扬帆行舟的景象，充分反映了温州海上航运的发展。

唐代，温州是全国主要造船基地之一。贞观二十一年（647），唐太宗为了征讨高丽，下令在杭、越、台、婺、括州等江南十二州造大船数百艘，括州的造船基地设在永嘉县城北沿江一带。宋代温州的海上交

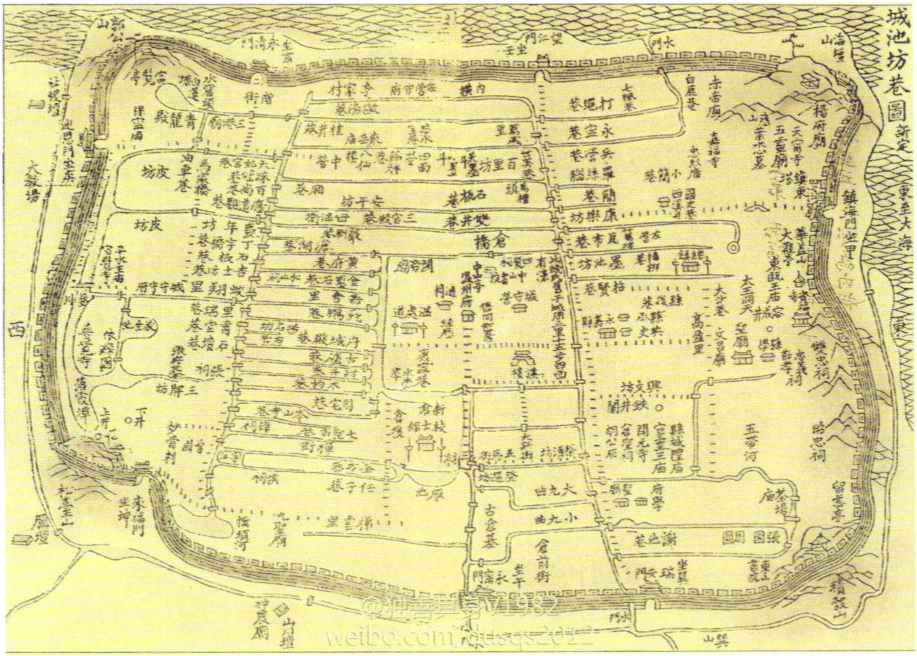

清代温州城池坊巷图

通贸易渐趋活跃，城北沿江港口停泊和往来的船只众多。赵抃曾以诗句“城脚千家具舟楫”来描绘温州港口的繁盛景象。杨蟠任温州知州时，曾作诗称赞温州“一片繁华海上头，从来唤作小杭州”。

南宋至元代，温州是全国沿海十个设置市舶务（司）的港口之一。为促进对外贸易的发展，南宋朝廷在温州设立市舶机构，专管对外贸易事项，时间为宋高宗绍兴元年（1131）或稍前。温州设立市舶务后，为接待外国商人使者，专门兴建“待贤驿”“来远驿”等寓所，供外商、使者住宿之用。南宋时期，温州与高丽、日本、真腊（今柬埔寨一带）等国都有商船往来。

随着海内外贸易的发展，港口的设施建设也日臻完善。元代温州建造了“以俟官舸”和“以达商船”两类码头，即停泊官船和商船两类不同用途的码头。

随着城乡商品经济的发展，温州与国外贸易往来频繁。从温州港出口的货物，以龙泉青瓷为主，其他商品有丝织品、漆器、书籍、文具等。史书记载，南宋朝廷为防止钱币、金银流往外国，“乃命有司止以绢帛、锦绮、瓷漆之属博易”，使龙泉青瓷、丝绸、漆器等手工业产品外销量大大增加。同时，温州与国内大港之间的商贸来往也十分频繁，广州、泉州、明州、杭州等地的商船也不断来温州贸易，有“漳泉大贾飞樯集，粤海奇珍巨槛来”之说法。

重商传统

温州背山临海，有交通之便利，在数千年的历史发展中，以对外贸易之便利而形成了重工重商的传统。温州是中国南方“海上丝绸之路”的重要港口，历史上多次对外开放，对重商传统的形成具有促进作用。温州也是延绵千年的“百工之乡”，造纸、造船、丝绸、绣品、漆器等在我国历史上均有较高的地位。

温州的重商传统是从宋代发展起来的，首先得益于农业的发展。温州地处海滨，水上交通频繁；气候湿润，物产丰富，逐渐兴旺发展起来。北宋时期，温州地方已普遍种植早熟耐旱的“占城稻”，一年两熟，产量大幅度提高。温州地区还是两浙茶叶的主要产地之一，种桑养蚕、种植瓯柑也成为农村的副业，有“温州蜜柑天下冠”的说法。在农业发展的基础上，温州的造船业、瓷器和漆器制造业等都迅速发展。北宋末年南宋初期，长江以北地区战乱连年，温州则处于安定的环境之

明龙泉窑青釉梵文大盘

广州博物馆藏。梵文为古代印度的文字，印度雅利安语的早期名称。印度教经典《吠陀经》即用梵文写成，早期的佛经多用梵文所写。三国至隋唐时期中外僧人所翻译的佛经也多为梵文经书。此类龙泉窑大盘多为外销瓷。

中。中原地区南迁的官员、士人、商贾、手工业者和农民，都纷纷前来温州安家落户，不仅充实了温州地方的劳动力，而且带来了中原先进的文化技术。

五代瓯窑青釉瓜形小执壶

温州博物馆藏

南宋定都临安（杭州），距离较近的温州更受到政府的重视。由于宫廷和出口外销的需要，温州地区在工商业方面主要有这些发展：

（1）造船业遐迩闻名。温州的官营造船场设在城区附近的郭公山沿江一带，置官兵252人，并雇有大量熟练工匠，以造战船、潜船、使船和大型游览船为主。

北宋七莲瓣式漆奁

温州博物馆藏

（2）龙泉青瓷的生产进入鼎盛时期。瓷器是对外贸易中海船最好的压舱货品。龙泉窑是宋代六大窑系之一，因其主要产区在浙江省龙泉市而得名。它开创于三国两晋，结束于清代，宋元是龙泉窑烧制最为鼎盛的时期，以烧制青瓷闻名，产品畅销于亚洲、非洲、欧洲的许多国家和地区。南宋时龙泉青瓷的窑址沿着瓯江从交通不大方便的大窑、溪口（今属龙泉市）等地，逐渐扩展到下游的蒋番、朱涂（今属永嘉县）等地，多达200多处。瓯江下游永嘉县各地的仿龙泉产品，与龙泉一带所烧制的青瓷特征相同，同属龙泉窑系，形成了一个生产外销瓷器的龙泉窑系产瓷区。温州地区调查发现近百处龙泉窑系窑场，以永嘉县桥头镇最为集中，很多产品为适应外销需要而生产。“江城如在水晶宫，百粤三吴一苇通。”“瓯江两岸，窑场林立，烟火相望，江上运瓷船舶，来往如织，日夜繁忙。”温州作为瓯窑、龙泉窑瓷器外销的起点港之一，交通便利，盛极一时。

（3）温州漆器制作十分精美，在国内外贸易中都具有重要影响力。南宋首都临安还设有专门贩卖温州漆器的店铺，如彭家温州漆铺、黄草铺温州漆器、温州漆

南宋金叶子

高101.5毫米，宽75毫米，重37.9克。1992年4月23日出土于温州市鹿城区人民路水仓组团基建工地，现藏于温州博物馆。

该金叶子正面右半四角各有一处宋体阴文“霸北街西”戳记，中央有一处文字“韩四郎十分金”戳记；左半右角有两处“霸北街西”印痕。金叶子货币是南宋十分贵重的货币，存世量极少。该金叶子的出土，说明南宋时期温州的商贸已比较繁荣。

北宋识文描金檀木舍利函

温州博物馆藏。舍利函是佛教器物，为盛放高僧火化后所产生舍利子的容器，多供奉于寺院或佛塔中。佛教自东汉时传入中国并开始产生影响后，在三国两晋南北朝时期达到了空前的高峰，唐宋时佛教又进一步发展，融入了更多的汉民族文化。

舍利函是极为珍贵的文物，收藏颇为难得。

器铺等。

（4）温州的盐、缂（kè）丝（又称“刻丝”，是中国传统丝绸艺术品中的精华，常有“一寸缂丝一寸金”和“织中之圣”的盛名）、酿酒业都很发达，纸伞、皮革、鸡鸣布、竹丝灯都远销各地，深受市场喜爱。

叶适（1150—1223）

永嘉（今温州市鹿城区）人，字正则，号水心，世称水心先生。淳熙五年（1178）中进士第二名（榜眼），仕孝宗、光宗、宁宗三朝，官至权工部侍郎、吏部侍郎兼直学士院，为南宋时期著名的思想家、文学家和政论家。叶适所代表的永嘉事功学派，与当时朱熹的道学派、陆九渊的心学派并列为南宋三大学派，对后世影响深远。其著作有《水心文集》等。

正因为温州地区工商业的发达，南宋时期，这里诞生了以事功思想为基础的永嘉学派。永嘉地区的学者辈出，郑伯熊、郑伯海、郑伯英、陈傅良、徐谊等是永嘉学派前期的出名学者，到叶适则集永嘉学派之大成，成为与朱熹的理学、陆九渊的心学鼎足而立的浙东学派之代表人物。永嘉学派倡导“义利并举，农商并重，经世致用”的事功思想，长久影响着温州人的价值观念和温州的发展历史。得益于永嘉学派崇实创新和重商文化的基因，温州在历史上重视发展工商业，长期是中国南方的“海上丝绸之路”港口。温州也成为当代中国市场经济的策源地和民营经济的发祥地，形成了独特的温州人精神和温州模式，改革开放后在个体经济、金融机制等方面涌现了众多革新创举。

南宋戗金沽酒图长方形朱漆盒

温州博物馆藏

福州

控海咽喉　东南福地

速古达剌
（索科特拉岛）
柯枝国（科
小葛兰（奎
官屿
（马累）
溜山国（马
木骨都束
（摩加迪沙）
卜剌哇（布拉瓦）
竹步（琼阿）
麻林地
（马林迪）
慢八撒（蒙巴萨）
西

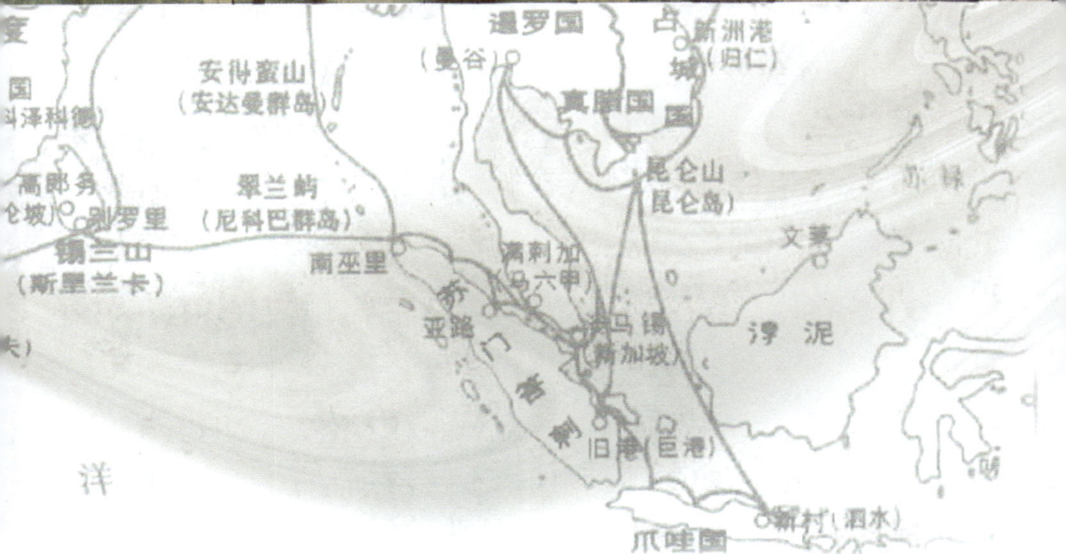

暹罗国
(曼谷)
占城国
新洲港
(归仁)
安得蛮山
(安达曼群岛)
真腊国
昆仑山
(昆仑岛)
翠兰屿
(尼科巴群岛)
高郎务
别罗里
锡兰山
(斯里兰卡)
南巫里
满剌加
(马六甲)
文莱
亚路
淡马锡
(新加坡)
浡泥
旧港(巨港)
新村(泗水)
爪哇国
洋

福州位于闽江下游出海口，是福建的政治文化中心，在“海上丝绸之路”上具有重要地位。唐宋以来，“福船”和“广船”是中国最为出名的海船，福州是“福船”的主要制造基地。福州也是明清时期设立福建市舶司和闽海关的地方，茶叶、瓷器的出口贸易十分繁盛。

明永乐至宣德年间，郑和七下西洋以福州为主要驻泊地。成化九年（1473），明朝政府把福建市舶司从泉州迁到福州。康熙二十三年（1684）在漳州设立闽海关，由福州将军兼管；乾隆二十二年（1757）停止闽海关征税事宜，海舶进出口均集中广州，由粤海关征税。鸦片战争后开广州、厦门、福州、宁波、上海五口通商，清政府于道光二十二年（1842）设闽海关于福州，归福州将军管理。明清两代，福州都被中央政府确定为与琉球进行往来的唯一合法口岸，来自琉球的官员、学者，或经福州转道赴京，或在福州潜心学习中国文化。通过福州，中国文化还辐射到日本、东南亚各国。

明代德化窑妈祖坐像
福建博物院藏

福州古港

福州港在历史上曾先后称为东冶港、甘棠港、邢港、乌猪港、太平港等，既反映了历史的变迁，也与

北宋建窑银兔毫曜斑盏

地理环境的变化有关。福州港始于汉代东冶港，历经了三国两晋的发展、唐五代的兴盛、宋元的繁荣、明代的鼎盛，为中国“海上丝绸之路”的重要门户。

福省全图（局部）

本图选自美国国会图书馆藏的《福省全图》。

《史记·东越列传》记载：“汉（高祖）五年（前202），复立无诸为闽越王，王闽中故地，都东冶。”始设东冶港。到东汉前期，东冶港与中南半岛已经开辟了定期航线，成为当时东南海运的枢纽和对外贸易的主要港口。

宋代建窑灰皮圆斑束口小圆盏

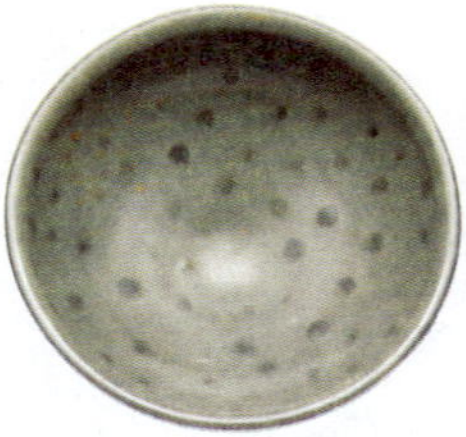

初唐时，福州称泉州。唐武德四年（621），此地置泉州（福州）都督府。唐天宝年间，高仙芝在中亚地区与大食国发生的“怛罗斯之战”中失败，丧失了唐朝对西域的统治。由于通往西域的“陆上丝绸之路”被隔断，海外贸易成为唐朝与海外诸国进行商贸往来的主要渠道，中外经济交流重心逐渐向东南沿海转移，福州与中原的文化交流，以及海外贸易大发展的有利时机和条件，使福州成为“海上丝绸之路”的重要港口城市和经济文化中心。唐代福州港已经成为与广州、扬州齐名的三大对外贸易港之一。唐末五代时期，王审知统治福建，开辟乌猪港和甘棠港为福州内、外港，并积极招徕海中“蛮夷商贾”发展海外贸易。《恩赐琅琊郡王德政碑》记载了当时对外贸易的盛况：“闽越之境，江海通津。帆樯荡漾以随波，篙楫崩腾而激水。”“佛齐诸国，绥之以德，架浪自东，驱山拱北。”“航海梯山，贡奉循环。”五代时期福建的统治者王审知墓中出土有

玻璃碎片，应是当时发展对外贸易时留下来的，是异域物品输入福州的重要物证。

到了宋代，福州港继续繁荣发展。北宋早期，福州仍是福建海上交通和贸易的中心，已出现了“百货随潮船入市，万家沽酒户垂帘”的贸易盛况。在福州宋墓出土的蓝料菊瓣纹扣银小碟，更是宋代的“海上丝绸之路”舶来品输入福州的见证物。宋元祐二年（1087），朝廷在泉州设市舶司后，泉州港迅速兴起，取代了福州港的地位，但宋代福州港仍然是东南沿海的重要贸易港口。

宋元时期，福州地区古窑址遍布全境，主要有怀安窑、义窑、浦口窑、东张窑等。这些窑口所烧造的瓷器，远销海外，成为福州对外贸易的主要商品。福州港也承担了来自福建省内德化窑、建窑等地以及江西景

邢港古渡

德镇窑、浙江龙泉窑生产的瓷器外销的转运。

为了便于船舶停靠和商品运输，福州地区依托闽江和海边，建立了一系列的港口，至明清时期外港有太平港、梅花港、邢港、琯头港等，内港有红塘港、南台港等。

刘华墓出土孔雀蓝釉瓶

福建博物院藏。该器为波斯所产的蓝釉陶瓶，中国本土不产，应由“海上丝绸之路”传入。

太平港原名吴航头，别名河阳港，前身是春秋吴王与三国吴主的造船基地——吴航头。位于吴航镇西侧，为长乐内河港。上溯闽江到福州50千米，顺闽江东下至出海口梅花港60千米。三国东吴在六平吴航头（今吴航镇）造船，设立典船校尉一职，掌督造海船，集结东汉谪徙者（罪犯）在此造船。吴航也因此得名，因此港口称吴航头。永乐七年（1409），郑和为祈求航行往返的太平安顺，将此地奏改称“太平港”。

宋代建窑兔毫釉盏

广州博物馆藏

邢港又称回港，位于闽江口北岸，扼闽江进出口之大门。

梅花港在长乐县东北10千米，上通江苏、浙江，下通广东，向东出大海至日本等国，广东、江苏、浙江来的船只多在此停泊。

琯头港位于闽江口，是福州港的出海外港，史称北港。明末清初省内外商船多从潭头港（史称南港）出入，商务多云集长乐潭头。清乾隆末年，因潭头港淤塞严重，船舶才改从长门水道进入琯头港。至嘉庆元年（1796），琯头港逐渐取代潭头港而兴盛起来，罗源、宁德及闽东各地货物多在此集散。

红塘港位于福州西郊，是福州城外围的重要集镇，闽江中上游的木材、粮食等物品多集中在此。

厦门船

这是保存于日本长崎县平户市松浦史料资料馆的《唐船图》之厦门船。厦门船属于中国古代三大船型之福船。福船规模大而坚固，多水密舱隔开，稳定性好，载货量大，适于海洋远航。郑和船队出使西洋诸国的部分海船就是由福建建造的福船。

郑和下西洋

郑和（1371—1433），明朝太监，原姓马，名和，小名三宝，又作三保。郑和是我国历史上伟大的航海家，促进世界文明交流的先行者。在1405—1433年（明代永乐至宣德年间）的28年里，郑和7次率领船队下西洋，打通并拓展了中国与亚非30多个国家和地区的海上交通，为世界航海事业的发展和各国人民的交流做出了不可磨灭的贡献。郑和7次下西洋，庞大的船队多达船舶200余艘，每次人员多达2.7万～2.8万人，主要航线多达40多条，总计航程16万海里。郑和下西洋是世界古代航海史上人数最多、行动范围最广的远洋航行活动，在人类文明史及世界航海史上写下了辉煌的一页。

永乐二年（1404），明成祖朱棣决定派遣大船队

下西洋，在南京、福州等地大造船舶，并确定郑和为正使，王景弘为副使。郑和为朱棣的心腹，熟知兵法，通晓阿拉伯语，熟悉西洋各国各地区的情况，了解航海，且具有外交才能，因此成为下西洋统帅人选。永乐

宋代东张窑黑釉盏

福建博物院藏

郑和七下西洋时间及所到之地

次序	时间	途径和到达的国家、地区
第一次	1405—1407	占城、爪哇、旧港、满剌加、阿鲁、苏门答腊、南巫里、锡兰山、小葛兰、柯枝、古里
第二次	1407—1409	占城、爪哇、暹罗、苏门答腊、南巫里、古里、柯枝、锡兰山
第三次	1409—1411	占城、爪哇、满剌加、苏门答腊、锡兰、小口具喃、柯枝、古里、暹罗、南巫里、加异勒、甘巴里、阿拔把丹
第四次	1413—1415	占城、爪哇、旧港、满剌加、苏门答腊、锡兰山、柯枝、古里、加异勒、彭亨、急兰丹、阿鲁、南渤利、忽鲁谟斯、溜山、木骨都束、卜剌哇、麻林、阿丹、剌撒、祖法儿
第五次	1417—1419	占城、彭亨、爪哇、满剌加、苏门答腊、南渤利、锡兰山、沙里湾泥、柯枝、古里、忽鲁谟斯、溜山、木骨都束、卜剌哇、麻林、剌拉、阿丹
第六次	1421—1422	忽鲁谟斯、东非、阿拉伯半岛诸国
第七次	1431—1433	占城、爪哇、斯鲁马益、旧港、满剌加、苏门答腊、锡兰山别罗里、古里、忽鲁谟斯等十七国

三年（1405）船队从苏州刘家河泛海到福建，再从福建扬帆，此为郑和第一次下西洋，时间为1405—1407年。郑和率士兵28 000余人出使西洋，最大的船长44丈、宽18丈，大船62艘，船队先后到达占城（今越南中南部地区），爪哇（今印度尼西亚中部）、旧港、锡兰山（今斯里兰卡）等地。

明宣德六年（1431），已是花甲之年的郑和奉命第七次下西洋。此次船队所到地方最多，范围最广，几乎走遍了南海、北印度洋沿岸地区以及阿拉伯半岛和非洲东岸诸国。宣德八年（1433），当船队航行到古里附近时，郑和因病去世，殉职于海上。

郑和七次下西洋，每一次都要先到福建长乐太平

郑和下西洋船队受到当地欢迎

港，史书称郑和“累驻于斯，伺风开洋”。所以，如果说南京是决策地、策划地，太仓是始发港、起锚地，那么，长乐就是郑和驻泊基地和开洋的起点。郑和独钟情福建，每次都以长乐作为其开洋港。专家认为，郑和选择福建作为“大本营”有两大方面的原因：首先，福州是制造适于远洋的“福船”基地。宋元以来，福建就一直是中国的海船制造中心，所造“福船”船底深尖，吃水较深，纵有大浪，不易摇晃。《明太宗实录》证实，“永乐元年（1403）五月辛巳，命福建都司造海船百三十七艘”，为郑和下西洋准备船只。其次，福州地区有先进的航海技术、充足的航海人员。福建人近海，素以航海闻名于世。宋元以来，泉州人的航海术一直领先于国内外，早在宋元二代即航行至印度洋的西岸，西洋对闽人来说，并非神秘的海域，研究表明，《郑和航海图》其实就是其航海技术的总结，图上的有些地方，连郑和也未去过。所以郑和要远航西洋，一定要用闽中水手及舵工、火长等技术人员。

郑和下西洋展示了当时中国先进的航海技术，是以海洋科学知识和航海图为依据，运用了航海罗盘、计程仪、测深仪等航海仪器，按照海图、针路簿记载来保证船舶的航行路线。航行时用指南针确定航向的线路，叫作针路，罗盘的误差，不超过2.5度。

明代科学家茅元仪所著的《武备志》载有《郑和航海图》，是世界上现存最早的航海图集。该图与同时期西方最有代表性的《波特兰海图》相比，制图的范围广，内容丰富，虽然数学精度较其低，但实用性胜过《波特兰海图》。《郑和航海图》中记载了530多个地名，其中外域地名有300个，最远的东非海岸有16个；

《宣和奉使高丽图经》

北宋宣和五年至六年（1123—1124），朝廷派路允迪出使今朝鲜半岛的高丽国，其随员徐兢归国后著《宣和奉使高丽图经》，书中记载了乘坐“福船”的经历，对当时福建的大型远航帆船“客舟”的形体结构叙述甚为详细。

火长

火长又称舟师，是我国古代航海技术人员，负责海船航行，类似于今日民船上的船长、驾驶员，军舰上的舰长、航海长。

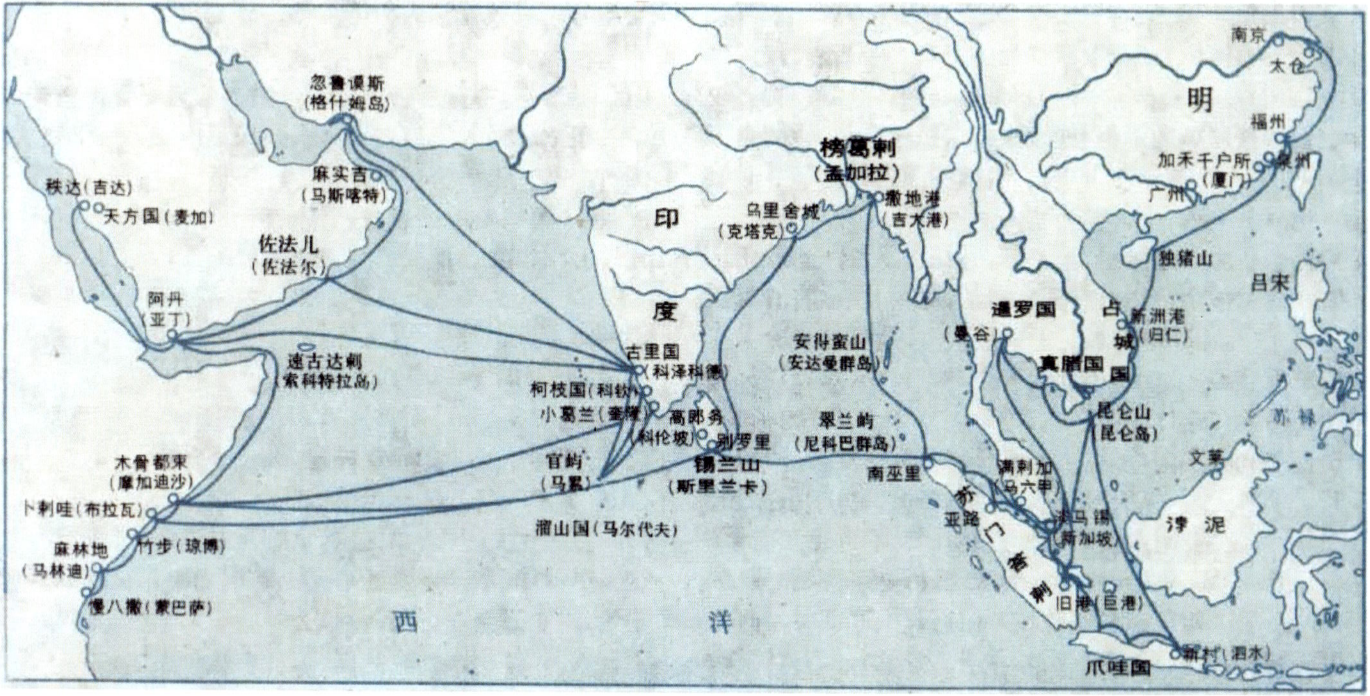

郑和下西洋图

据明茅元仪编《武备志》整理。图片来源于央视网，网址：http://www.cctv.com/geography/20050620/100647.shtml

标出了城市、岛屿、航海标志、滩、礁、山脉和航路等。

郑和下西洋是一个庞大的船队，船队的指挥联系方式尤为重要。船队配有交通艇、音响信号、旗帜等装备。史书记载，船队“昼行认旗帜，夜行认灯笼，务在前后相继，左右相挽，不致疏虞”。白天以约定的方式悬挂和挥舞各色旗带，组成相应的旗语。夜晚以灯笼反映航行的情况，遇到能见度差的雾天雨天，铜锣、喇叭和螺号也用于通讯联系。

郑和下西洋折射出中国先进航海科技的光辉，表现了中国古代人的伟大智慧和敢于挑战的勇气。

郑和下西洋“宝船”模型

泉州

盛极宋元 东方大港

宋元时期，泉州以“刺桐港”闻名。因唐末五代时期，广州、扬州等港口受到战乱的影响，泉州一度成为中国最大的对外贸易港口。泉州也是十分重要的造船中心，造船技术和航海技术在当时十分先进，对外航线北连朝鲜、日本，南至东南亚、印度洋的阿拉伯地区和非洲东岸。泉州还是当时中国居住外国商人最多的城市之一，文化多元，相互交融，佛教、伊斯兰教、印度教、基督教、摩尼教等都在此传播，至今尚留有大量的宗教遗迹。

南宋时期曾任泉州市舶使的赵汝适所著的《诸蕃志》记载，当时与泉州贸易的国家和地区有70多个，东至日本，南通南海诸国，西达波斯、阿拉伯和东非

泉州湾后渚港出土南宋沉船残体

等地。经由泉州港外销到海外的商品计有30余种之多。元代中国旅行家汪大渊2次从泉州港随船出洋，周游世界各地，历时27年。他写成《岛夷志略》一书，认为泉州为世界“梯航万国”的最大商港，书中记载经由泉州港外销的商品种类多达100余种。意大利旅行家马可·波罗也曾游历泉州，他写道：“刺桐是世界上最大的港口之一，大批商人云集这里，货物如山，的确难以想象。”

元汪大渊《岛夷志略》书影

1974年，泉州湾后渚港出土一艘海船，为南宋末年建造的福建远洋木帆船，残长24.2米，残宽9.15米，船体以2~3层板叠合而成，分为13个水密隔舱，保存有头桅和中桅杆座，船尾有直径38厘米的舵孔，造船的木材有杉木、樟木、松木。复原该船的长度可达35米，宽11米，排水量达454吨。伴随沉船的出土物品有香料、药物、货物木牌签、铜铁器、陶瓷器、铜铁钱、竹、木、棕、麻编织物、文化用品、装饰品、果核、贝壳、动物骨骼等，共计14类69项。泉州出土的宋代海船，表明当时高超的造船工艺为海上交通的船舶运输提供了强有力的技术支撑。

香料药物

泉州湾南宋沉船上出土了未经脱水的香料药物2 300多千克，主要有绛真、沉香、檀香、胡椒、槟榔、乳香、龙涎、朱砂、水银、玳瑁等。

明朝初年，政府设福建市舶司于泉州，专门接待来自琉球的贡使。明成化十年（1474），福建市舶司移至福州，泉州港的对外贸易没有政府的支持，逐渐衰落。

多元宗教　文明荟萃

在唐宋元时期，泉州曾经聚居着来自世界各地的外国侨民，数以万计，其身份有商人、传教士、游历者等。佛教、伊斯兰教、印度教、基督教、犹太教、摩尼教等在世界上影响巨大的宗教纷纷传入泉州，长期以来，不同种族、不同文化共处，相互交通，使泉州成为荟萃不同文明之地。至今，泉州仍保存有不少古建筑和文化遗迹，见证着这段独特的历史，故有“世界宗教博物馆”之称。

泉州重要的相关文化史迹和文物有：

（1）泉州开元寺始建于唐垂拱二年（686），原名为兴教寺、龙兴寺，唐玄宗开元二十六年（738）改名为开元寺。宋代有支院百余所，元代至元二十二年（1285）并为大寺，赐额“大开元万寿禅寺”。现存主要建筑有大雄宝殿、甘露戒坛、东西二塔等。大雄宝殿建于垂拱二年（686），多次毁坏又重修，现存为明代所建。开元寺后廊矗立着2根十六角形的印度教石柱，上面刻有2个图案——《吹长笛的克利希那》讲述的是印度教里的一个故事；《花、猴、鹿》则明显表现了中国的元素。据考证，它是元代泉州印度寺里的建筑构件。其上雕刻有印度教的经典故事和中国传统的吉祥图，是元代两种不同文化相互交融的重要物证。

（2）泉州清净寺，是创建于北宋的伊斯兰教寺，为阿拉伯穆斯林在中国创建的现存最古老的伊斯兰教寺，1961年被列为第一批全国重点文物保护单位和中国十大名寺。20世纪初，泉州还出土大量的元代伊斯兰教墓盖石，证明了元代有大量阿拉伯和波斯人定居泉州。伊本·白图泰（1304—1377）是摩洛哥地区的一位旅行家，他行程12万千米，历经44个国家。1346年，伊本·白图泰在泉州登岸，并在中国游历一年。他的经历被写为《伊本·白图泰游记》，书中称泉州为“世界最大之港”。

宋船模型

泉州开元寺东西二塔

（3）泉州晋江草庵摩尼教寺，建于南宋绍兴年间（1131—1162），初为草构，元时改为石构，并雕有摩尼光佛，是目前世界上唯一的摩尼教遗址。 摩尼教（Manichaeism）是公元3世纪在巴比伦兴起的世界性宗

泉州清净寺

元代基督教八斯巴文墓碑石

泉州海外交通史博物馆藏。八斯巴文也写作八思巴蒙文。八思巴（1235—1280）为藏传佛教高僧，被元世祖忽必烈尊为国师。他奉忽必烈之名，结合蒙、藏、汉等多种文字创造出了八斯巴文。元代时为官用文书，如皇帝下达的诏书等都采用了这种文字。

教，主要吸收犹太教、基督教等教义而形成自己的信仰。摩尼教在长达1 000多年的时间内（3—15世纪），传播地域从北非到中国的福建，十分广泛。唐高宗时期（650—683），摩尼教随粟特商人的脚步传入中国。

（4）景教，也称聂斯脱利派、东方亚述圣徒天主教会，是基督教的一个早期教派，起源于今叙利亚地区。该教在唐朝时期传入中国，译作景教。元朝的景教徒称为“也里可温”（arkagun），享受免兵役和免税的特权。根据马可·波罗的记载，元代中国北京，山西大同，甘肃敦煌、肃州、甘州、凉州，宁夏，新疆喀什、叶尔羌、伊犁，江苏扬州、镇江，浙江温州、杭州，福建泉州都有景教徒和景教寺。根据后来在泉州出土的大量景教文物，可知福建泉州是当时中国南方景教的中心。

唐蓝采粟特旅人塑像

粟特是中国古书中记载的西域古国之一，也为民族名称，活动范围在今中亚阿姆河与锡尔河之间的泽拉夫尚河流域，首都“马拉坎达”位于今撒马尔罕。

晋江草庵摩尼教寺中的元代摩尼光佛雕像

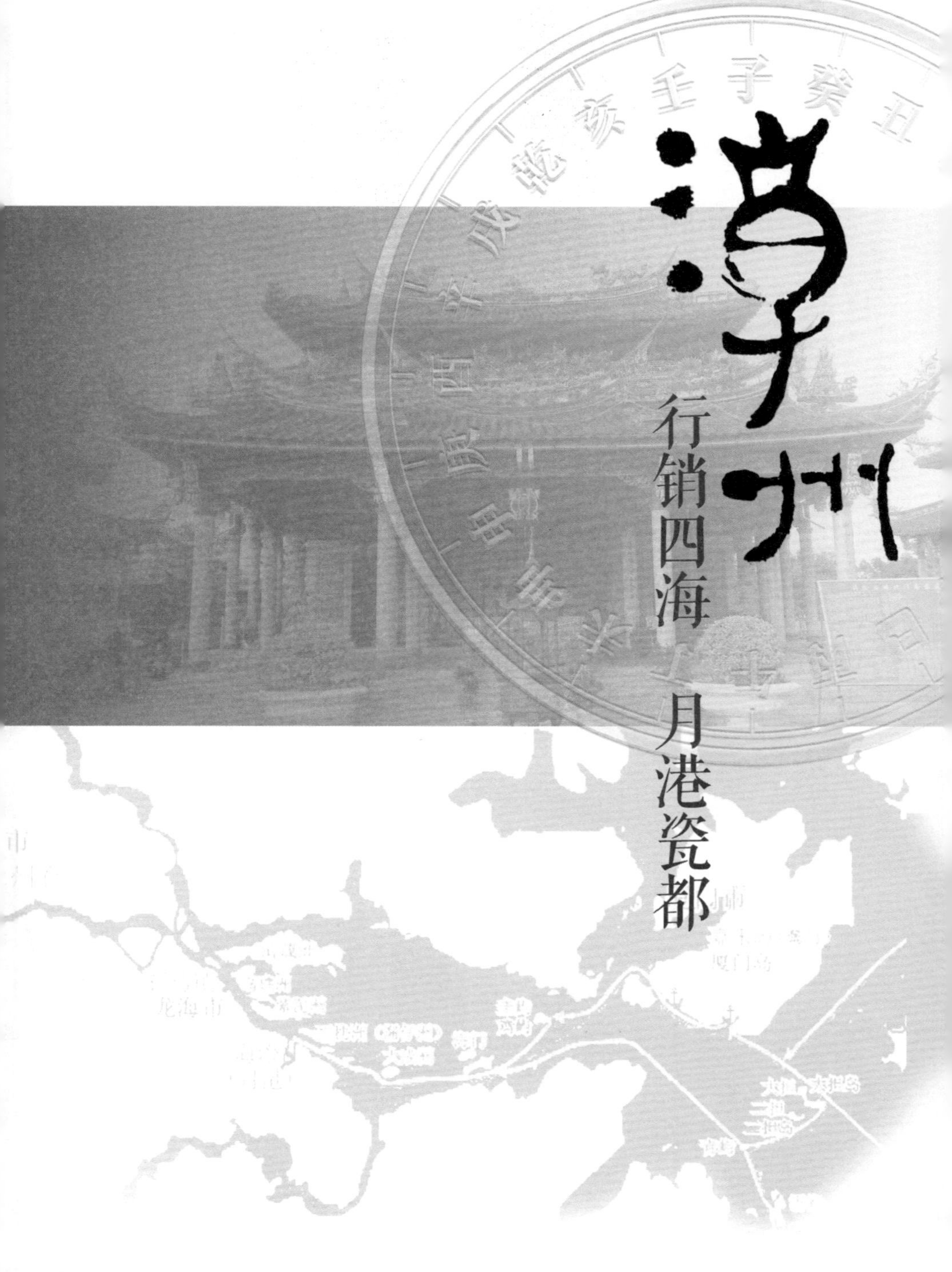

漳州

行銷四海　月港瓷都

明代中叶开始，也就是在15世纪，欧洲西班牙、葡萄牙等国开辟了新的中西方航线，促使海上交通进入“大航海时代”，世界进入了新的贸易时代。欧洲人沿着从非洲往东经印度洋、南海，从美洲往西跨越太平洋的两条海上航线到达中国沿海进行贸易。但是，由于明朝政府长期实行海禁，仅留广州、福州、宁波等少数港口进行“朝贡贸易”，中西商品贸易受到很大限制。因当时有限的“朝贡贸易”仅仅指定福州为明朝政府与琉球往来的唯一港口，因此我国东南沿海的闽粤间，暂时

明代月港（漳州）东西洋航线、港口示意图

图片来源于闽南网：www.hdmnw.com

出现了缺乏对外贸易大港的空白。

漳州位于今福建省南部，北与泉州相接，南与潮州相近，地处九龙江下游，溯上游北溪可至闽西漳平、龙岩、宁洋等地，再行陆道，可达汀州。漳州港被称为“月港”，正好填补了闽粤之间缺乏对外贸易港口的空白，有利于民间进行的海外贸易。明代中叶以后，漳州地区对外贸易活动兴盛起来。漳州以外销本土生产的瓷器最为出名，明清时期漳州窑出产的青花瓷器、五彩瓷器行销至日本、欧洲等地区，至今仍在这些地区的博物馆大量保存。漳州则进口了西方商人运来的香料、银币等商品，烟草、花生等原产于美洲的农作物也正是通过漳州传入国内的。漳州是大航海时代早期（15—17世纪）欧洲、美洲物品进入中国的主要港口之一。

明代漳州窑青花荷塘花卉纹大盘

漳州博物馆藏

漳州窑与克拉克瓷

漳州所在的闽南地区多是丘陵山地，蕴藏着丰富的瓷土资源和燃料资源，瓷业生产条件优良。宋元时期，该地区已大规模地筑窑烧瓷，目前已发现的窑址达50余处，成为福建乃至我国东南沿海重要的外销瓷产地之一，主要

明代漳州窑五彩花卉纹军持

漳州博物馆藏。军持是佛教僧人、伊斯兰教徒盛水洗手的用具。这种器型大约在隋唐时期传入我国，成为出口瓷器中的重要器物，南方和北方窑口均有生产并多用于出口。

生产青瓷、青白瓷和少量的黑釉瓷。

明代晚期至清代初期，为了适应蓬勃发展的海外贸易需要，闽南地区形成了以烧造青花日用瓷为主的较大规模的窑场和窑群，瓷器风格特征接近，成为一种体系，被称为“漳州窑系”，西方也称“汕头器”（SWATOW）。该瓷系主要分布在闽南地区九龙江流域的平和县、华安县、南靖县、漳浦县、长泰县、安溪县、南安县等，窑址多达百处。

漳州窑瓷器以青花瓷为主，部分为青瓷、白瓷、彩绘瓷（又称五彩）以及有色釉瓷（有酱釉、黄釉、蓝釉素三彩等）。器型以盘、碗、碟类生活用具为主，还有盅、杯、罐、盒、勺、炉、瓶等。图案布局层次分明，器物内壁、外壁常见宽带开光，内饰以花果。主题纹饰的内容丰富，多为吸取现实生活常见的典型题材，有牡丹、莲荷、梅花、菊花、兰花、芭蕉、葡萄、瓜果等植物，有龙凤、

明代漳州窑五彩龙纹航海图瓷盘

该盘口沿红彩双圈纹内用黑、蓝彩绘山水楼阁图案，内腹部绘星宿、岛屿、海涛、帆船、飞鱼、麒麟等图案，盘底画24方位罗盘，中央是简体阴阳太极二重圈，圈内写有“天下一”字样。其纹样有中西结合的特点，反映了漳州窑产品与海上贸易紧密相关。

狮子、璃虎、麒麟、喜鹊、蝴蝶、马、鹿、鸳鸯、鱼、虫等动物，还有人物纹图案，如天官赐福、松下独诵、顽童扑蝶、仕女图等。其中最具有特色的瓷器是直径达30厘米以上的大盘，甚至有的直径近50厘米。

漳州窑青花瓷也被称作“克拉克瓷”，其名称源于17世纪初期的欧洲。公元1602年，荷兰东印度公司在海上捕获一艘葡萄牙商船——“克拉克号”，船上装有大量来自中国的青花瓷器，因不明瓷器产地，欧洲人便把这种瓷器命名为“克拉克瓷”。20世纪90年代，福建省相关博物馆和考古所先后在平和县南胜华仔楼窑址、田坑窑址、五寨乡的洞口窑址、陂沟窑址等地进行发掘，发现了大量类似“克拉克瓷”的残片标本，终于确定“克拉克瓷”就是漳州地区生产的瓷器。

2007年，广东汕头南澳岛发现一艘古代沉船。由于1987年在阳江海陵岛发现了“南海Ⅰ号”，因此该沉船被命名为“南海Ⅱ号”，2009年改称为“南澳Ⅰ号”。据专家判断，“南澳Ⅰ号”的年代为明嘉靖至万历年间。该沉船长35米，宽8米，确认有货舱25个，2010年已对2号舱、3号舱、4号舱、5号舱内的文物进行发掘。古沉船出水打捞出10 000多件瓷器，经专家鉴定，其中有8 000多件为漳州窑瓷，80%为漳州窑青花瓷，即外称的“克拉克瓷”，据此可断定该船应由漳州月港驶出。

漳州出土的尼德兰达尔德银币

1643年铸造，漳州市博物馆藏。该银币正面图案为全副盔甲的骑士像和单狮盾徽，边上的文字为荷兰文，是荷兰海上贸易高度发展的见证。

荷兰原由西班牙王室统治，16世纪时爆发起义要求独立，1581年成立“尼德兰联省共和国”。到17世纪，荷兰成为当时世界上最强大的海上霸主，曾被誉为“海上马车夫”，其海上贸易网络遍布全球，在东方的雅加达（今印度尼西亚）、中国台湾西南部实行殖民统治。

漳州窑五彩印章纹大盘

漳州博物馆藏

海角亭
八字山
三汊口港
北灣
冠頭嶺
淡水口
西場港
燕子尾
那隆港
高沙角
東沙
東砲臺
西砲臺
大觀港
西沙
北風澳
三娘灣

北海

合浦古郡　汇珍聚奇

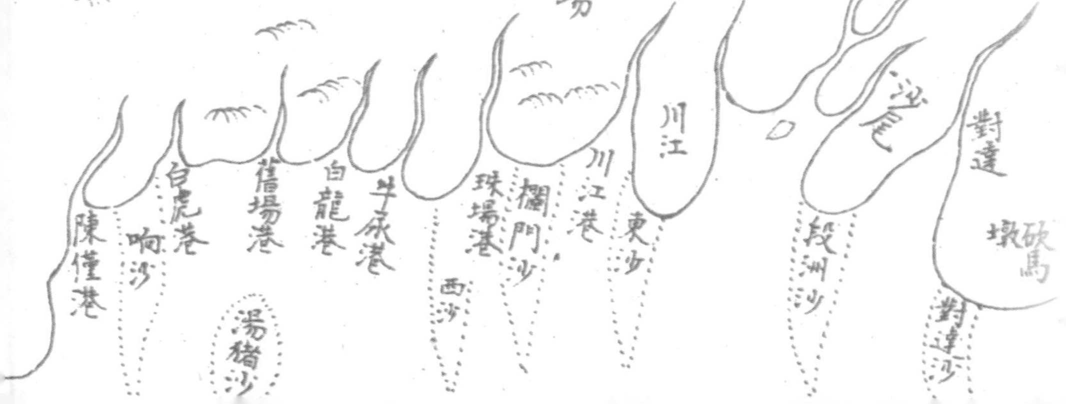
廉州府
白龍古城
白龍
珠場
調埠
隴村
川江
對達
砍馬墩
陳僅港
響沙
白虎港
舊場港
白龍港
牛屎港
湯猪沙
西沙
珠場港
欄門沙
川江港
東沙
段洲沙
對達沙

北海旧称合浦，濒临南海，为今南海北部湾的中心地带。在早期的海上交通发展中，由于航海技术的限制，船舶只能贴近海岸航行。北海因其地利，是秦汉时期中国与东南亚、印度洋的必经之地，成为早期“海上丝绸之路”重要的发祥地和汇聚海外珍稀货物的港口。

秦汉合浦古郡

先秦时期，北海地区属于百越民族的聚居之地，与中原地区已经有来往。秦始皇修筑灵渠，沟通了湘江、漓江和珠江，派兵统一岭南地区，设桂林郡、象郡、南海郡三个郡。北海属于象郡，位于南海郡和象郡交界处。秦朝灭亡后，南海尉赵佗合并岭南三郡，于公元前203年建立南越国。赵佗向汉高祖刘邦称臣，积极引进中原先进的生产技术，融合汉越民族，使岭南地区得到一次大发展。赵佗在位61年，促进了岭南地区的农业生产、商贸流通和文化发展。北海的合浦县还有南越王行宫遗址。汉武帝平定南越，将岭南三郡改为郁林、苍梧、合浦、南海、儋耳、珠崖、交趾、九真、日南（位于今越南中部）九郡。北海即为合浦郡，这也就是“合浦”一词的最早由来。汉武帝还派出使节从合浦出发至东南亚、印度洋地区进行交往和商贸，使合浦成为“海上丝绸之路”最早的发祥地之一。西汉后期，汉朝开凿湖南南部的峤道，进一步疏通灵渠，使湘江至南流江这条黄金水道更加通畅。这不仅有利于军队的调动，也促进官方与民间的物资和人员交流，使岭南地区社会得到进一步发展。合浦县成为西汉岭南西部地区的政治、经济、文化中心之一。

百越民族

百越也写作“百粤”“诸越”，是古代中原人对长江中下游及以南地区各种民族的泛称。在先秦古籍中，对东南地区的土著民族，常统称之为“越”。在此广大区域内，实际上存在众多的部、族，各有种姓，故不同地区又各有异名，如“吴越”（苏南浙北一带）、“瓯越”（温州一带）、“闽越”（福建一带）、“扬越”（江西湖南一带）、“南越”（广东一带）、“西瓯”（广西一带）、“骆越”（越南北部和广西南部一带）等等。

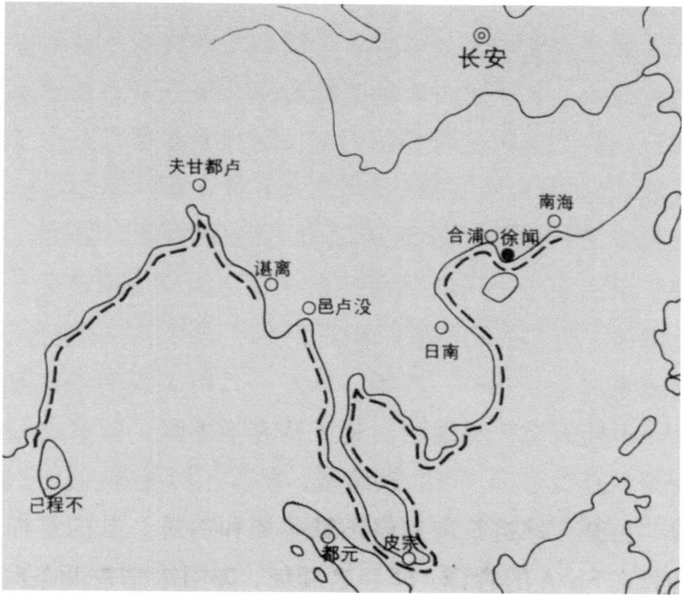

汉代合浦出发的“海上丝绸之路”航线示意图

本图选自2003年广东经济出版社出版的《广东海上丝绸之路》。

秦汉时期的合浦把中国的丝绸销往国外，也汇聚了象牙、犀角、珠宝等奇珍异宝。现代考古出土有大量来自印度洋地区、地中海地区制作的琉璃杯、珠串、金银器等文物精品，充分证明了北海在秦汉时期作为“海上丝绸之路”重要港口的地位。从合浦港口出发西行，沿着海岸线至东南亚，经过马六甲海峡至印度洋，在此与从地中海、波斯湾、印度洋沿海港口出发往东航行的海上航线对接，连接东西方的“海上丝绸之路”已经贯通。

丝路奇珍：来自海外的异宝

北海地区的博物馆藏有大量合浦西汉古墓的出土文物，其中著名的有铜凤灯、铜屋、琉璃璧、琉璃杯、琥珀、玛瑙、水晶、陶器等，其中琥珀雕成的狮子、青蛙、琉璃璧等，据专家鉴定属舶来品，其原产地在印度、欧洲、非洲等地。而在苏门答腊、爪哇、婆罗洲等地出土的大量中国汉代日用陶瓷，从其彩釉和胎质来看，则与合浦汉墓出土的我国中原产品一样。综合北海本地和在世界各地的出土文物，考古专家据此推定，合浦在秦汉时期应是中外"海上丝绸之路"的重要港口之一。而从有关史籍如《汉书》等中也能找到蛛丝马迹，证明合浦港在秦汉时期确为海上交通的重要孔道。如2001年广西文物工作队会同合浦博物馆在城南约4千米的九头岭发掘的东汉墓，除了陶器、铜器、铁器、滑石器等中国生产的器物外，还出土了数量可观的黄金、水晶、玛瑙、琥珀、琉璃珠饰品，经考证应该是通过"海上丝绸之路"进入中国的商品，对研究汉代合浦"海上丝绸之路"及海外贸易等有重要意义。

经过海路进入中国的丝路奇珍主要有：

（1）玛瑙。我国古代见于史籍记载的玛瑙产地不多，所以古人往往把珍珠、玛瑙并列为"珠宝"。合浦本地不出产玛瑙，但汉墓中出土的玛瑙器很多，有红、紫、黑、缠丝等种类，品种有红、花玛瑙，造型有圆榄形、多面榄形、亚腰形、扁圆形、双锥形等；颜色多样，有红色、红白或红紫相间，还有一些褐白相间的缠丝玛瑙，色泽鲜丽，表面碾磨光洁，半透明。这些制作精美的玛瑙器多来自于印度，反映了汉朝合浦与海外交通贸易的密切关系。

西汉红、花玛瑙串珠

1992年11月合浦凸鬼岭汽齿厂M17出土，合浦汉代文化博物馆藏。

汉代金花球串饰

1993年9月合浦北插江4号墓出土，合浦汉代文化博物馆藏。

（2）金器。金器既是海上贸易中价值高的流通货币，也可作为工艺品而贩卖。北海地区汉墓出土的金器有作为海外贸易大宗交易流通货币的金饼，也有金戒指、金带钩、金花球手链、焊珠金饰片等精美的手工艺品。其中部分采用掐丝和焊珠工艺的黄金制品应是海外舶来品，如花球的焊接工艺源自西方，古希腊麦锡尼则可能是起源地。

（3）琉璃。琉璃是古代玻璃的称呼。根据专家考证，我国境内发现的两汉时期的玻璃，至少存在4种不同成分体系，分别简称为铅钡玻璃、铅玻璃、钾玻璃和钠钙玻璃，除钾玻璃外，其余成分体系玻璃的来源相对明确。铅钡玻璃和铅玻璃为我国自创，铅钡玻璃在战国早、中期就已经出现，铅玻璃则出现在西汉晚期，盛行于东汉，并一直延续到唐、宋时期；钠钙玻璃为西方传入，与“丝绸之路”上的中外贸易、经济和技术交流关系密切；钾玻璃是印度、东南亚以及我国华南和西南等

东汉早期湖蓝色玻璃杯

高5.8厘米，口径9.2厘米，1990年6月合浦县黄泥岗M1出土，合浦汉代文化博物馆藏。

地区特有的一种古代玻璃体系，主要出现在战国中晚期至东汉时期，而两广地区汉代出土的钾玻璃数量最多，种类也最丰富。

汉代粉红色圆形琉璃串珠

1976年12月合浦县罐头厂M12出土，合浦汉代文化博物馆藏。

合浦汉墓出土的琉璃器有装饰品和日用器皿两类，其中以玻璃串珠为大宗。部分样品经检测，多为钾硅玻璃，也有一些铅钡玻璃，还有少量可能是西方的钠钙玻璃。汉武帝派人“入海市珍珠，璧琉璃”，这些琉璃器是合浦港与中原、海外进行商贸、文化和技术交流的重要佐证。

汉代多面体紫色水晶串珠

1990年6月广西合浦黄泥岗M1出土，合浦汉代文化博物馆藏。合浦汉墓出土的水晶多为穿珠形的佩饰品，形状各异，有圆珠形、扁圆形、菱体形及不规则形等。该串紫色水晶虽埋于地下2 000余年，但仍色泽艳丽，晶莹剔透。汉代岭南地区的水晶也应是“海上丝绸之路”的重要物证。

参考文献

[1] 马正林．中国运河的变迁[J]．陕西师大学报（哲学社会科学版），1978（1）：67-81．

[2] 林正秋．南宋时期杭州的经济和文化[J]．历史研究，1979（12）：42-62．

[3] 孙寿荫．京杭大运河的历史变迁[J]．历史教学，1979（6）：27-31．

[4] 席龙飞，何国卫．对宁波古船的研究[J]．武汉工程学院，1981（2）：23-32．

[5] 邓端本．广州港史：古代部分[M]．北京：海洋出版社，1983．

[6] 周镛兵．宁波对外经济贸易的几个历史阶段[J]．宁波师专学报（社会科学版），1984（1）：26．

[7] 程浩．广州港史：近代部分[M]．北京：海洋出版社，1985．

[8] 叶显恩．清代广东水运与社会经济[J]．中国社会经济史研究，1987（4）：1-11．

[9] 朱鉴秋．中国古代航海图发展简史[J]．海交史研究，1994（1）：13-21．

[10] 廖大珂．唐代福州的对外交通和贸易[J]．海交史研究，1994（2）：35-40．

[11] 李金明，廖大珂．中国古代海外贸易史[M]．南宁：广西人民出版社，1995．

[12] 陈炎．海上丝绸之路与中外文化交流[M]．北京：北京大学出版社，1996．

[13] 倪尔爽．南宋时温州海外贸易发达的原因[J]．海交史研究，

1998（2）：35-42.

[14] 赵春晨．关于“海上丝绸之路”概念及其历史下限的思考[J]．学术研究，2002（7）：88-91．

[15] 黄启臣．广东海上丝绸之路史[M]．广州：广东经济出版社，2003.

[16] 栗建安．漳州窑与东南亚[J]．海交史研究，1997（2）：33-38.

[17] 蔡鸿生．南海交通史研究若干问题浅探[J]．海交史研究，2002（1）．

[18] 董韶军，董韶华，迟金光．试论蓬莱水城的历史地位与价值[J]．北方文物，2003（1）．

[19] 中国人民政治协商会议北海市委员会文史资料委员会．合浦与海上丝绸之路[J]．北海文史，2004（18）．

[20] 曾昭璇，曾新，曾宪珊．论中国古代以广州为起点的“海上丝绸之路”的发展[J]．中国历史地理论丛，2003，18（2）：67-78，160-161．

[21] 张仲淳．福建漳州窑系瓷器的特征、年代及对日本瓷业的影响[J]．海交史研究，2005（2）：105-112.

[22] 袁晓春．蓬莱3艘古船发掘报告[J]．海交史研究，2006（2）．

[23] 王元林．论唐代广州内外港与海上交通的关系[J]．唐都学刊，2006（6）：22-28.

[24] 李庆新．明代海外贸易制度[M]．北京：社会科学文献出版社，

2007.
[25] 李庆新．海上丝绸之路[M]．北京：五洲传播出版社，2006.
[26] 叶显恩，周兆晴．珠江三角洲水运体系的形成[J]．珠江经济，2008（9）.
[27] 中共广州市委宣传部，广州市文化局．文化遗产：海上丝绸之路[M]．北京：文物出版社，2008.
[28] 伍显军．论温州在“海上丝绸之路”史上的重要地位[J]．福建文博，2013（2）：1，2-13，105.
[29] 福建省博物院．丝路帆远：海上丝绸之路文物精粹[M]．福州：福建教育出版社，2013.
[30] 龚缨晏．关于古代“海上丝绸之路”的几个问题[J]．海交史研究，2014（2）：1-8.
[31] 宋平．清代外销画里的珠江船舶[J]．文物天地，2014（4）.
[32] 李金明．中国古代海上丝绸之路的发展与变迁[J]．新东方，2015（1）：10-15.
[33] 陈萍．从馆藏文物看福州“海丝”贸易[J]．福建史志，2015（3）：28-30.
[34] 广州博物馆．广州历史陈列图册[M]．北京：文物出版社，2009：19，137，148.
[35] “海上丝绸之路”研究中心．跨越海洋——中国“海上丝绸之路”八城市文化遗产精品联展[M]．宁波：宁波出版社，2012.

图书在版编目（CIP）数据

海上丝路之建港贸易/宋平编著．—广州：广东科技出版社，2017.6（2022.11 重印）
（海上丝绸之路青少年科普丛书/王元林主编）
ISBN 978-7-5359-6762-6

Ⅰ．①海…　Ⅱ．①宋…　Ⅲ．①海上运输—丝绸之路—港口建设—青少年读物　Ⅳ．①K203-49②U65-49

中国版本图书馆CIP数据核字(2017)第139021号

特别鸣谢

本丛书在编辑出版过程中，得到了周运中、何国卫、骏骅堂、崔策等先生的大力支持，在此一并致谢！

海上丝路之建港贸易 Haishang Silu Zhi Jiangang Maoyi

丛书策划：丁春玲　姚　芸
协调统筹：崔坚志
责任编辑：姚　芸　李　杨
装帧设计：李　树
责任校对：吴丽霞
特约校对：蒋怡韵
责任印制：彭海波
排　　版：广州市友间文化传播有限公司
出版发行：广东科技出版社
（广州市环市东路水荫路11号
邮政编码：510075）
销售热线：020-37607413
http://www.gdstp.com.cn
E-mail：gdkjbw@nfcb.com.cn
经　　销：广东新华发行集团股份有限公司
印　　刷：广州市东盛彩印有限公司
（广州市增城区新塘镇太平洋工业区十路2号
邮政编码：510700）
规　　格：889mm×1 194mm　1/32　印张4　字数80千
版　　次：2017年6月第1版
2022年11月第4次印刷
定　　价：33.00元